CATALOGUE MENSUEL

(Nouvelle Série, N° 29)

LIBRAIRIE

DE

Théophile BELIN

29, Quai Voltaire, PARIS

PARIS

LIBRAIRIE Théophile BELIN

29, QUAI VOLTAIRE, 29

1900

1. **Abrégé** chronologique des grands fiefs de la couronne de France ; avec la chronologie des princes et seigneurs qui les ont possédés, jusqu'à leurs réunions à la couronne (Par P.-Nic. Brunet). *Paris, Desaint et Saillant,* 1759 ; pet. in-8, veau.   4 fr.

2. **Agrippa** (Cornelius). De Incertudine et vanitate scientiarum declamatio invectiva, denus ab autore recognita et marginalibus annotationibus aucta. *S. l.,* 1536 ; in-16, demi-rel. bas.   15 fr.

> Edition assez rare, divisée en 102 chapitres dont les pages ne sont pas chiffrées. Le titre renferme, gravé sur bois, le portrait de l'auteur.

3. **Albert le Grand**. Les Admirables secrets d'Albert le Grand, contenant plusieurs traités sur la conception des femmes, des vertus des herbes, des pierres précieuses et des animaux, *Lyon, Hérit. de Beringos,* 1764 ; in-12, front., demi-rel. chagr. brun. *non rogné.* 7 fr.

4. **Almanach** de la Noblesse de l'Empire Français pour 1809. *Paris, Fain,* 1809 ; in-16, br., couv. 4 fr.

5. **Almanach** des Prisons ou anecdotes sur le régime intérienr de la Conciergerie, du Luxembourg, etc. (par Coissin). Quatrième édition. *Paris, Michel, an III* (1795) ; in-18, front., cart.   3 fr.

6. **Almanach royal**, année 1763. *Paris, Le Breton,* 1763 ; in-8, mar. rouge, dos orné, large dent., tr. dor. (*Rel. anc.*).   150 fr.

> Exemplaire aux armes de HUE DE MIROMESNIL, président du parlement de Normandie, plus tard garde des sceaux de France.

7. **Almanach royal**. Année 1777. *Paris, Le Breton,* 1777 ; in-8, mar. rouge, dos orné, fil., tabis, tr. dor. (*Rel. anc.*).   100 fr.

> Bel exemplaire en GRAND PAPIER, aux armes du chancelier MAUPEOU.

8. **Almanach royal**. Année bissextile 1780. *Paris, d'Houry,* 1780 ; in-8, mar. rouge, dos fleurdelisé, fil., tabis, tr. dor. (*Rel. anc.*). 150 fr.

> Très bel exemplaire en GRAND PAPIER aux armes mosaïquées de R.-N.-Ch.-Aug. de MAUPEOU, chancelier de France.

9. **Analyse** raisonnée de la Sagesse de Charron (par le marquis de Luchet). *Amsterdam, M. M. Rey,* 1763 ; 2 tomes en 1 vol. pet. in-12, veau.   4 fr.

10. **Annales** romantiques. Recueil de morceaux choisis de littérature contemporaine. *Paris, Louis Janet,* 1832 ; in-12, mar. vert, dos orné, fers à la cathédrale, tr. dor. 10 fr.

> Jolies figures gravées sur acier.
> Les pièces de ce recueil sont des principaux littérateurs romantiques de cette époque.

11. **Annuaire** Dinannais pour l'année 1832 [à 1838]. *Dinan, Huart,* 1832-1838 ; 6 vol. in-12, bas. 10 fr.

> Années 1832, 33, 34, 35, 36 et 38 ; l'année 1837 n'ayant pas paru.
> Armes de la province de Bretagne frappées à froid sur les plats de la reliure.

12. **Anticoton**, ou refutation de la lettre declaratoire du Père Coton. Livre où est prouvé que les jésuites sont coulpables et autheurs du parricide execrable commis en la personne du Roy Henry IV. *S. l.,* 1610 ; pet. in-8, de 72 p. derelié. 4 fr.

> Raccommodage à plusieurs feuillets.
> Cette pièce a été attribuée à Jean du Bois, à du Moulin, à P. du Coignet et à César de Plaix.

13. **Art** (L') d'assassiner les Rois, enseigné par les Jésuites à Louis XIV et Jacques II, où l'on trouve le secret de la dernière conspiration formée à Versailles le 3 septembre 1695 contre la vie de Guillaume III, roi de la Grand' Bretagne. *Londres, Th. Fullher,* 1696 ; pet. in-12, cart.   20 fr.

> Rare pamphlet en parfait état de conservation.

14. **Atalzaide**, ouvrage allégorique (par Crébillon fils). *Imprimé où l'on a pû,* 1745 ; 2 tomes en un vol. in-12, veau.   5 fr.

15. **Bal costumé**. Souvenir of the bal costumé, given by queen Victoria at Buckingham Palace, may 12, 1843, the drawings from the original dresses by Coke Smyth ; the descriptive letter press by J. R. Planché. *London,* 1843 ; in-fol., demi-rel. chagrin rouge.   120 fr.

> 52 pl. exécutées en or et en couleurs.

16. **Bals** de l'Opéra. Costumes du quadrille historique. *Paris, Rittner et Goupil, s. d. (vers* 1840) ; in-fol., cart.   100 fr.

> Frontispice et 17 belles planches colo-

riées de costumes, lithographiées d'après les dessins de *H. Dupont, E. Delacroix, Boulanger, Saint-Evres, Robert-Fleury, T. Johannot, Devéria, Lami*, etc., et contenus dans de jolis encadrements composés par *Chenavard*.

17. Baldus (E.). Palais de Versailles Grand et petit Trianon. Motifs de décoration intérieure et extérieure. *Paris, Morel*, 1876 ; in-fol. *en feuilles* dans un carton.   65 fr.

> 99 planches.

18. Balzac (Guez de). Lettres choisies. *Amsterdam, chez les Elseviers*, 1656 ; pet. in-12, veau.   5 fr.

> Haut. : 130 mm.

19. Balzac (Honoré de). Histoire de la grandeur et de la décadence de César Birotteau, parfumeur. Nouvelle scène de la vie parisienne. *Paris, chez l'éditeur*, 1838 ; 2 vol. in-8, cart., *non rognés*.   30 fr.

> ÉDITION ORIGINALE. Quelques taches.

20. Balzac (Honoré de). Œuvres complète. *Paris, Alexandre Houssiaux*, 1855 ; 20 vol. in-8, demi-rel. veau rose.   120 fr.

> Portrait sur acier et nombreuses figures gravées sur bois d'après *Meissonier, Monnier, Français, Bertall*, etc.

21. Bartsch (Adam). Le Peintre graveur. (Ecoles Flamande, Hollandaise, Allemande et Italienne). *Vienne, J.-V. Degen*, 1802-1821 ; 21 vol. in-8, br.   220 fr.

> ÉDITION ORIGINALE, avec la rare suite des 16 planches gravées par *Bartsch*.

22. Basan. Dictionnaire des Graveurs anciens et modernes depuis l'origine de la gravure , par F. Basan. Seconde édition, considérablement augmentée. *Paris*, 1789; 2 vol. in-8, fig., demi-rel. chagrin violet, *non rognés*.   120 fr.

> Ouvrage réputé, orné de 2 frontispices par *Cochin* et *Pierre*, de 50 figures par *Aliamet, Bertaux, Callot, Choffard, Cochin, Eisen, Della Bella, Marillier, Moreau, B. Picart, Watelet, Weirotter*, etc., etc., et de 3 en-têtes par *Choffard*.
> Bel exemplaire.

23. Becker. Cultrivori prussiaci curatio singularis. Descripta à Daniele Beckero , Dantiscano med. profess. *Lugduni Batavorum, ex off. Joannis Maire*, 1640 ; in-12, vélin.   7 fr.

> Curieuse dissertation médicale. Figure représentant un homme ayant avalé un couteau qui lui sortit par la poitrine.

24. Belloi (De). Œuvres choisies. *Paris, P.Didot l'aîné et Firmin Didot*, 1811 ; 2 tomes en 1 vol. in-12, demi-rel. dos et coins de chagr. vert, tête dor., *non rogné*.   8 fr.

> GRAND PAPIER VÉLIN.

25. Beniveni. Opere de Girolamo Benivieni firentino. Novissimamente rivedute e da molti errori espurgate, con una canzona dello amor celeste e divino, col commento dello conte Giovanni Pico Mirandolano. *Venetia, Nicolo Zopino e Vincentio*, 1522 ; adi 12 de Aprile; in-8, demi-rel. veau.   15 fr.

> Impression en caractères italiques.

26. Béranger. Œuvres complètes de P.-J. de Béranger. Edition unique revue par l'auteur, ornée de 104 vignettes en taille-douce dessinées par les peintres les plus célèbres. *Paris, Perrotin*, 1834 ; 4 vol. in-8. — Musique des Chansons. *Paris, Perrotin*, 1834. Ens. 5 vol. in-8, demi-rel. veau rouge, dos orné, tr. marbr.   50 fr.

> Figures d'*Alfred et Tony Johannot, Charlet, Grenier, Monnier, Raffet, Bellangé, Lami, Devéria, Gigoux, Scheffer, Dupré, Boilly*, etc., gravées sur acier.

27. Bitaubé. Joseph. Sixième édition revue et corrigée. *Paris, impr. de Didot l'aîné*, 1797; 2 vol. in-18, veau.   5 fr.

> 9 jolies figures de *Marillier* gravées par *Née*.

28. Blason (Le) de France, ou notes curieuses sur l'édit concernant la police des armoiries. (Par Cadot). *Paris, Ch. de Sercy*, 1697 ; in-8, veau.   10 fr.

> Planches d'armoiries en taille-douce.

29. Boccace. Le Decameron de M. Jean Bocace florentin, nouvellement traduit d'italien en françoys par maistre Antoine le Maçon. *Lyon, Guill. Roville*, 1552 ; in-16 , veau, tr. dor. et ciselée. (*Rel. anc.*) 40 fr.

> Jolie petite édition en 1088 pages, imprimée en caractères italiques et illustrée de charmantes petites figures gravées sur bois.

30. Boileau. Œuvres de Nicolas Boileau-Despreaux, avec des éclaircissements historiques donnez par lui-même. Nouvelle édition revue, corrigée et augmentée de diverses remarques (par Brossette et du Monteil). *Amsterdam, David Mortier,* 1718 ; 2 vol. in-fol., mar. rouge, dos orné, fil., tr. dor. (*Rel. anc.*)   300 fr.

Magnifique édition illustrée d'un frontispice, d'un portrait, de 7 figures pour le Lutrin, de vignettes et de culs-de-lampe par *Bernard Picard*.

Bel exemplaire aux armes de PIERRE DELPECH DE CAILLY, président de la Cour des Aides.

31. **Bordelon** (l'abbé). Mille questions et réponses sur différens sujets. *Paris, Coustelier,* 1704 ; in-12, veau.   4 fr.

32. **Borri** (G.-F.). La Chiave del gabinetto del cavagliere Gioseppe Francesco Borri, milanesi. *Colonia, Pietro del Martello,* 1681. — Istruzioni politiche. *Colonia, P. del Martello,* 1681. Ens. en un vol. in-12, chagr. rouge.   10 fr.

On lit cette note sur la 1re garde du volume : « Livre extrêmement rare, surtout quand on y trouve adjoint l'Instruzioni politiche. L'auteur de ces ouvrages avait des idées singulières qui le mirent assez mal avec l'inquisition à Rome. Il en fut la victime et il finit ses jours dans les prisons de ce rigoureux tribunal. L'abbé de Villars en a fait un extrait qu'il a publié sous le titre de Comte de Gabalis. »

33. **Bossuet.** Oraison funèbre de très haut et très puissant prince Louis de Bourbon prince de Condé, premier prince du sang. Prononcée dans l'église de Nostre-Dame de Paris, le 10e jour de mars 1687. *Paris, Mabre-Cramoisy,* 1687 ; in-4, mar. rouge jans., tr. dor. (*Cuzin*).   180 fr.

Bel exemplaire de l'ÉDITION ORIGINALE.

34. **Bossuet.** Traité de l'Amour de Dieu, nécessaire dans le sacrement de pénitence, suivant la doctrine du Concile de Trente. Ouvrage posthume. *Paris, Barth. Alix,* 1736 ; in-12, veau.   4 fr.

35. **Bouchet** (Guillaume). Les Serées de Guillaume Bouchet, sieur de Broncourt, divisées en trois livres. Dernière édition. *Lyon, Pierre Rigaud,* 1614 ; 3 tomes en 1 vol. in-8, vélin.   40 fr.

36. **Bouillart** (Jacques). Histoire de l'abbaye royale de Saint Germain des Prez, contenant la vie des abbez qui l'ont gouvernée depuis sa fondation ; les hommes illustres qu'elle a donnez à l'église et à l'état, etc. *Paris, G. Dupuis,* 1724 ; in-fol., veau.   15 fr.

Nombreuses planches. — Reliure fatiguée.

37. **Bouillie** pour les Chats, ou galimathias politico-theologico-philosophico-littéraire par un Libéral. *Rome, l'an quarante;* 2 vol. in-8, demi-rel. bas.   20 fr.

Recueil des plus intéressants sur nombre de sujets littéraires et historiques. Le titre indique que ces deux volumes n'auraient été tirés qu'à 6 exemplaires.

38. **Bourdaloue** (Le Père). Sermons du Père Bourdaloue, de la compagnie de Jésus. *Amsterdam, aux dépens de la Compagnie,* 1712-1713 ; 8 vol. in-12, mar. rouge, fil. à froid, tr. dor. (*Rel. anc.*) 300 fr.

Bel exemplaire dans une bonne reliure ancienne pouvant être attribuée à Boyet.

39. **Bourgeois** (Émile). Le Grand Siècle. Louis XIV, les arts, les idées, d'après Voltaire, Saint-Simon, Spanheim, Dangeau, Mme de Sévigné, Choisy, La Bruyère, Laporte, etc. *Paris, Hachette,* 1896 ; in-4, br.   • 30 fr.

Ouvrage illustré d'un très grand nombre de gravures d'après les documents originaux de l'époque. — Couverture en parchemin imprimée en or.

40. **Bourrienne.** Mémoires de M. de Bourrienne, ministre d'Etat, sur Napoléon, le Directoire, le Consulat, l'Empire et la Restauration. *Paris et Londres, Colburn et Bentley,* 1831 ; 10 tomes en 5 vol. in-8, demi-rel. veau fauve.   30 fr.

Portraits et vignettes.

41. **Boursin.** Les Capucins gourmands. Illustrations de Léonce Petit. *Paris, Marpon, s. d. ;* in-12, demi-rel. dos et coins de mar. blanc, tête dor., *non rogné.*   4 fr.

PAPIER VERGÉ.

42. **Boysse** (Ernest). Les Abonnés de l'Opéra (1783-1786). *Paris, Quantin,* 1881 ; *broché.*   20 fr.

Frontispice et 4 portraits à l'eau-forte : Mlle Maillard, Jelyotte. Mlle Duthé, Sophie Arnould.

Bel exemplaire sur PAPIER DE CHINE (tiré à 50), avec la double suite des figures : AVANT et avec la lettre.

43. — Le même. *Paris,* 1881 ; in-8, *broché.*   8 fr.

PAPIER VERGÉ. Publié à 20 fr.

Achat de Bibliothèques

44. Breton de la Martinière. La Chine en miniature, ou choix de Costumes, Arts et Métiers de cet empire. *Paris, Nepveu,* 1811-1812 ; 6 vol. in-12, demi-rel. mar. bleu, *non rognés.* 30 fr.

102 jolies figures très finement coloriées.

45. Burgmaier. Image de Saints et Saintes issus de la famille de l'empereur Maximilien Ier. En une suite de 119 planches gravées en bois par différents graveurs d'après les dessins de Hans Burgmaier. *Vienne, Stockl,* 1799 ; in-fol., demi-rel. basane, éb. 180 fr

PREMIER TIRAGE des 119 bois originaux gravés au commencement du XVIe siècle, et conservés dans la bibliothèque impériale de Vienne.

46. Cæsaris (C. Julii) quæ extant, cum selectis variorum commentariis quorum plerique, novi, operâ et studio Arnoldi Montani. *Amstelodami, ex off. Elzeviriana,* 1661 ; in-8, veau. 6 fr.

Titre gravé et figures en taille-douce.

47. Cailhava. Les Contes en vers et en prose de feu l'abbé de Colibri, ou le soupé. *Paris, impr. de Didot jeune, l'an VI* (1799) ; 2 tomes en 1 vol. in-18, cart. 10 fr.

48. Calliat (Victor). Parallèle des Maisons de Paris construites depuis 1830 jusqu'à nos jours. *Paris, Bance,* 1857 ; in-fol., cart. 25 fr.

126 planches.

49. Calmet (Dom). DISSERTATIONS qui peuvent servir de prolégomènes de l'Ecriture Sainte. Revûës, corrigées, considérablement augmentées, et mises dans un ordre méthodique. Par le R. P. Dom Augustin Calmet. *Paris, Emery père,* 1720 ; 3 vol. in-4, mar. rouge, dos orné, fil., tr. dor. 500 fr.

Bel exemplaire aux armes du comte D'HOYM.

50. Caricatures. Raccolta di XXIV caricature designate colla penna dell celebre Cavalliere P. L. Ghezzi. *Dresde,* 1750 ; in-fol., demi-rel. chagrin rouge. 100 fr.

On a réuni sous ce titre 35 caricatures de personnages italiens, gravés par *Oesterreich, Canale, Bombelli,* etc., d'après *Ghezzi, Internari,* etc., 13 dessins de même nature à la plume, et une suite : *Raccolta di diverse caricature delineate et incise da A. Van Westerhout.* Roma, 1765, titre et 12 pl. en largeur.

51. Caroso. Il Ballarino di M. Fabritio Coroso da Sermoneta, diviso in due trattati. *Venetia, app. Francesco Ziletti,* 1581 ; in-4, vélin. 150 fr.

Ce rare traité de la danse est dédié à Bianca Capello de Medici ; il est illustré du portrait de Caroso et de belles figures sur cuivre par *Giocomo Franco* d'après les dessins de *La Rovère,* représentant chacune une dame et son cavalier, vêtus de riches costumes, et dans les attitudes différentes enseignées par l'auteur. — Musique de danse.

52. Carrousel donné à Paris en 1662, par le roi Louis XIV. In-fol., veau. 60 fr.

Recueil de 30 belles planches gravées en taille-douce, représentant le Roi et tous les grands seigneurs de la Cour dans leurs fantastiques costumes de parade. Le cortège se composait de cinq quadrilles: celui des Romains, commandé par le Roi, celui des Perses par son frère Gaston, celui des Turcs par le prince de Condé, celui des Indiens par son fils, et celui des Américains par le duc de Guise.

53. Catullus. Tibullus. Propertius. *Parisiis, apud Simonem Colinæum,* 1529 ; pet. in-8, veau. 30 fr.

Belle édition imprimée en caractères italiques.
Paraphes à l'encre sur le titre.

54. Challamel (Augustin). Histoire-Musée de la République française, depuis l'assemblée des notables jusqu'à l'Empire. *Paris, Challamel,* 1842 ; 2 vol. gr. in-8, demi-rel. dos et coins de chagr. brun, dos orné, tête dor., *non rognés.* 30 fr.

PREMIÈRE ÉDITION, ornée de 150 figures hors texte et nombreuses vignettes ; costumes, médailles, caricatures, portraits et autographes du temps.
Bel exemplaire.

55. Chambure. Napoléon et ses contemporains. Suite de gravures représentant des traits d'héroïsme, de clémence, de générosité, de popularité, avec texte, publiée par Auguste de Chambure. *Paris, Bossange,* 1824 ; in-4, veau bleu, dos orné, comp. à froid, tr. marbr. (*Hurez*). 30 fr.

Exemplaire renfermant les 43 planches dessinées par *Devéria, Steuben, A. Scheffer, Charlet, Delorme, E. Lami, Grenier,* etc., gravées en taille-douce et tirées sur Chine.

56. Champagne. (Thibault, comte de). Les Poésies du roy de Navarre, avec des notes et un glossaire françois, précédées de l'histoire des révolutions de la langue françoise

Et de Livres anciens et modernes

depuis Charlemagne jusqu'à saint Louis (par Levesque de la Ravallière). *Paris, Louis Guérin*, 1742 ; 2 vol. pet. in-8, fig., veau fauve, tr. dor. (*Rel. anc.*).   30 fr.

57. Chansons. Choix de Chansons, à commencer de celles du comte de Champagne, roi de Navarre, jusque et compris celles de quelques poetes vivans (par de Moncrif. *S. l. (Paris)*, 1757 ; in-12, bas. 10 fr.

> Airs notés. — D'après une note ms. du Mis de la Rochethulon, cet exemplaire aurait appartenu à la Mme de Beaupoil de Saint-Aulaire à laquelle l'auteur l'avait offert. — A la suite on a relié Les Philosophes, par Palissot. *Paris*, 1760.

58. Charron (Pierre). De la Sagesse, trois livres. *Suivant la vraye copie de Bourdeaux, à Leyde, chez Jean Elzevier*, 1656 ; pet. in-12, front., mar. rouge, dos orné, double rangée de fil. à la Duseuil, tr. dor. (*Rel. anc.*).   50 fr.

> Haut. : 133 mm.

59. Chastellux. Voyages de M. le marquis de Chastellux dans l'Amérique septentrionale dans les années 1780, 1781 et 1782. *Paris, Prault*, 1786 ; 2 vol. in-8, fig., bas.   5 fr.

60. Chaussard. Jeanne d'Arc. Recueil historique et complet. *Orléans, Darnault-Maurant*, 1806 ; 2 tomes en 1 vol. in-8, fig., bas. 12 fr.

> Cet ouvrage est rédigé d'après les documents des archives de France.

61. Chefs-d'œuvre d'art à l'exposition de 1878, publiés sous la direction d'Emile Bergerat. *Paris, Baschet*; 40 livraisons in-fol. 60 fr.

> 40 magnifiques planches en photogravure tirées sur Chine.
> Exemplaire sur papier de Hollande, publié à 200 fr.

62. Chefs-d'œuvre (les) inconnus, publiés par MM. Paul Lacroix et Maurice Tourneux. *Paris, Libr. des bibliophiles*, 1879-1888 ; 16 vol. in-12, cart., dos et coins de percal., tête dor., *non rognés*.   35 fr.

> Charmante collection illustrée, dans chacun des volumes, d'une eau-forte de *Lalauze*.
> Le Voyage à Paphos, de Montesquieu. — La petite Maison de Bastide. — Le Tombeau de Mademoiselle de l'Espinasse par d'Alembert. — Les Aventures du faux Chevalier de Warvick. — Contes et Poésies de la Chaussée. — Anecdotes littéraires de Voisenon. — Louise et Thérèse, par Restif de la Bretonne. — Les Veillées

d'un Malade, par de Villeterque. — Annales Amusantes. — Les Porcherons. — Contes de Saint-Lambert. — Bagatelles morales de l'abbé Coyer. — Psaphion ou la Courtisane de Smyrne, par Meusnier de Querlon. — L'Amitié de deux jolies femmes, par Mademoiselle d'Epinay. — Les Soupers de Daphné, par Meusnier de Querlon. Les Confessions du Comte de ***, par Duclos. — Les trois derniers ouvrages sont *brochés*.

63. Chérin. Abrégé chronologique d'édits, déclarations, reglemens, arrêts et lettres-patentes des rois de France de la troisième race, concernant le fait de la noblesse ; précédé d'un discours sur l'origine de la noblesse. *Paris, Royez*, 1788 ; in-12, bas.   8 fr.

64. Cherville (G. de). Les Chiens et les Chats d'Eugène Lambert, avec une lettre-préface d'Alexandre Dumas et notes biographiques par Paul Leroi. *Paris, libr. de l'art*, 1888 ; in-4, br.   20 fr.

> Ouvrage illustré de 6 eaux-fortes et de 145 dessins par *Eugène Lambert*.

65. Cicéron. M. Tullii Ciceronis Opera. Cum optimis exemplaribus accurate collata. *Lugd. Batavorum, ex officina Elzeviriana*, 1642 ; 10 vol. pet. in-12, mar. rouge, dos orné, fil., tr. dor. (*Rel. anc.*). 150 fr.

> Bel exemplaire. Haut. : 131^{mm}.

66. Claudiani (Cl.) quæ extant. Nic. Heinsius Dan. fil. recensuit ac notas addidit, post primam editionem altera fere parte nunc auctiores. *Amstelodami, ex off. Elzeviriana*, 1665 ; in-8, titre gravé, vélin à recouvrements.   6 fr.

67. Collection de poésies, romans, chroniques, etc., publiée d'après d'anciens manuscrits et d'après des éditions des XVe et XVIe siècles. *Paris, Silvestre et Potier, (impr. de Crapelet, puis de Lahure)*, 1838-1858 ; 23 vol. in-16 goth., fig., br.   55 fr.

> Cette collection, l'une des mieux imprimées en ce genre, comprend : 1. Les sept Marchans de Naples. — 2. Maistre Aliborum. — 3. Sensuyvent plusieurs belles chansons. — 4. Le roman de Richart, fils de Robert le Diable. — 5. Moralité à l'honneur de la glorieuse Assumption, par J. Parmentier. — 6. Les Proverbes communs (par Jean de la Veperie). — 7. Nativité de N. S. Jesus Christ par personnages. — 8. Miracle de N. D. de Berthe. — 9. Bigorne qui mange tous les hommes. — 10. Mirouer des femmes vertueuses. — 11.

Achat de Bibliothèques

Miracle de N. D. de la marquise de la Gaudine. — 12. Le Mystère de la vie et histoire de Mgr Sainct Martin. — 13. Le Songe de la thoison d'or. — 14. L'hystoire plaisante du noble Syperis de Vinevaulx. — 15. La guerre et le debat entre la langue, les membres et le ventre. — 16. Le Chevalier déliberé. — 17. Les grans regretz et complainte de Mlle du Pallays. — 18. Listoyre de Pierre de Provence. — 19. Le Temple donnour par Jehan Froissart. — 20. Les Cronicques de Gargantua. — 21. Le Testament de Lucifer, par P. Gringore. — 22. Le Roman de Edipus. — 23. M. Hambrelin. — 24 et dernier (manque).

68. Collection des Chroniques nationales françaises écrites en langue vulgaire, du XIIIe au XVIe siècle, avec des notes et éclaircissemens, par J.-A. Buchon. *Paris, Verdière et Carez,* 1824-1829; 47 vol. in-8, *brochés.*   100 fr.

69. Collection des Poètes françois. *Paris, Imp. de Coustelier,* 1723-1724; 10 vol. in-12, veau marbré. 50 fr.

Poésies de Coquillart. — La Légende de Pierre Faifeu. — La Farce de Pathelin. — Poésies de Crétin. — Œuvres de Villon, de Marot, de Martial et de Racan.

70. Combat (Le) de trente Bretons contre trente Anglais. *Paris, Imp. de Crapelet,* 1827 ; gr. in-8, cart., *non rogné.*   20 fr.

Frontispice et armoiries des 30 Chevaliers Bretons.

71. Commines. Les Mémoires de messire Philippe de Comines, seigneur d'Argenton, contenans l'histoire des roys Louys XI et Charles VIII depuis l'an 1464 jusques en 1498, reveus et corrigez sur divers manuscrits et anciennes impressions. Augmentez de plusieurs traictez, contracts, etc., par Denys Godefroy. *Paris, impr. royale,* 1649; in-fol., mar. rouge, dos orné, fil. (*Rel. anc.*).   120 fr.

Belle édition aux armes du duc de BUCKINGHAM.

72. Corneille. LE THÉATRE DE P. CORNEILLE, reveu et corrigé par l'auteur. *A Rouen, et se vend à Paris, chez Guillaume de Luynes,* 1664; 3 vol. — Poèmes dramatiques de T. Corneille. *A Rouen, et se vend à Paris, chez Guillaume de Luynes,* 1665 ; 2 vol. — Ensemble 5 vol. in-8, front. gravés, fig. de Chauveau, mar. rouge jans., tr. dor. (*Cuzin*).   500 fr.

Cette édition, donnée sur celle de 1664, 2 vol. in-fol., contient les discours sur le poème dramatique et les examens des pièces. Le nouveau système orthographique employé par Corneille a été également suivi.

73. Corneille. Théâtre de P. Corneille, avec des commentaires et autres morceaux intéressans. *S. l.,* 1776 ; 10 vol. in-8, front. et fig., veau marbré, dos orné.   50 fr.

Figures de *Gravelot.*

74. Cortes (Fernand). Correspondance avec l'empereur Charles-Quint, sur la conquête du Mexique. Traduite par M. le vicomte de Flavigny. *Paris, Cellot et Jombert* (1778); in-12, demi-rel. veau. 10 fr.

Rare.

75. Daudet. Fromont jeune et Risler aîné, avec de nombreuses illustrations par George Roux, gravées sur bois par Froment et Hamel. *Paris, Testard, Charpentier et Fasquelle,* 1894 ; in-8, *broché.* 60 fr.

Rare exemplaire sur PAPIER VERGÉ DE HOLLANDE de cette belle édition, avec les trois états des 20 figures de *George Roux,* gravées à l'eau-forte par *F. Desmoulin.*

76. Delavigne (Casimir). Marino Faliero, représenté pour la première fois sur le théâtre de la Porte Saint-Martin, le 31 mai 1829. *Paris, Ladvocat,* 1829 ; in-8, br., couv.   20 fr.

Bel exemplaire de l'ÉDITION ORIGINALE.

77. Délices (Les) de la Campagne ou les ruses de la Chasse et de la Pesche où l'on voit comment on prend toutes sortes d'oiseaux et de bêtes à quatre pieds (par le Frère Franç. Fortin). Troisième édition. *Amsterdam, G. Gallet,* 1700 ; pet. in-8, veau.   5 fr.

Figures sur cuivre. — Le titre et le frontispice sont fatigués.

78. Delille (Jacques). Les Jardins, poème. Nouvelle édition considérablement augmentée. *Paris, Levrault,* 1801 ; in-12, cart., *non rogné.*   4 fr.

Jolie édition imprimée par P. Didot l'aîné, illustrée de 4 figures par *Monsiau.*

79. Della Bella. Jeu des Fables. — Cartes des Rois de France. *Paris,* 1646 ; pet. in-8, veau. 80 fr.

Charmant petit recueil formé de deux suites. *Fables.* Titre et 52 pièces. — *Rois.* Titre et 39 pièces. Ensemble 93 pièces gravées à l'eau-forte par *Etienne Della*

Bella. Les titres ont été remargés dans le bas ; le nom de l'éditeur a été aussi enlevé.

80. Demoustier. Lettres à Emilie sur la Mythologie. *Paris, Renouard,* 1801 ; 6 vol. in-8, fig., basane, dos orné, dent. tr., dor. (*Rel. anc.*). 40 fr.

> Portrait par *Gaucher* et 36 figures de *Monnet,* gravées par *Audouin* et *Gaucher.*

81. Déroulède (Paul). Chants du soldat. *Paris, Calmann Lévy,* 1888; in-8, demi-rel. mar. brun, *non rogné* (*Lemardeley*). 8 fr.

> Figures en noir et en couleurs gravées par *Guillaume frères.*

82. Déroulède. Histoire d'Amour. *Paris, Calmann Lévy,* 1890 ; in-12, demi-rel. dos et coins de mar. orange, dos mosaïqué de mar. vert, *non rogné* (*Champs*). 18 fr.

> Édition originale sur PAPIER DE HOLLANDE, illustrée d'une jolie aquarelle de *Coindre.*

83. Déroute (La) et l'adieu des filles de joye de la ville et faubourgs de Paris, avec leur nom, leur nombre, les particularitez de leur prise et de leur emprisonnement et requeste à M. D. L. V. (Mme de la Vallière). *Jouxte la copie à Paris* (*Hollande*), 1667 ; pet. in-12 de 33 pp., mar. bleu, dos orné, fil., tr. dor. (*Trautz-Bauzonnet*) 100 fr.

> Rare opuscule satirique s'annexant à la coll. elzévirienne. (Willems. Les Elz. n° 1765). — Haut. 127^mm.

84. Descartes. Discours de la Méthode pour bien conduire sa raison. *Paris, Renouard,* 1824; pet. in-12, demi-rel. chagr. violet, *non rogné.* 3 fr.

85. Description (Nouvelle) de la ville de Constantinople, avec la relation du voyage de l'ambassadeur de la Porte ottomane et de son séjour à la Cour de France. *Paris, Simart,* 1721 ; pet. in-12, veau. 8 fr.

> Vue de Constantinople et figures gravées sur cuivre.

86. Deshoulières. Œuvres de Mme et de Mlle Deshoulières. Nouvelle édition augmentée de leur éloge historique. *Paris, Durand,* 1747 ; 2 vol. pet. in-12, portr., veau. 8 fr.

87. Deshoulières. Poësies de Madame Deshoulières. Seconde édition. *Paris, Jean Villette,* 1694-1695 ; 2 vol. in-8, véau. 25 fr.

> La seconde partie est en ÉDITION ORIGINALE.

88. Desmaretz. Les Délices de l'Esprit. Dialogues dediez aux Beaux-Esprits du Monde, par J. Desmarets. Divisez en quatre parties. *Paris, Florentin Lambert,* 1659 ; in-fol., mar. rouge, dos orné, comp. de fil., dos orné, tr. dor. (*Duru*). 120 fr.

> Figures de *Chauveau* et nombreux chiffres enlacés dessinés par *Armand Desmaretz.*
>
> On a ajouté quatre opuscules de Desmaretz également imprimés en 1658 : *Cantiques des degrez. — Le Cantique des Cantiques. — Instructions pour l'Oraison. — Moyen pour s'élever à la connaissance des Perfections de Dieu.*
> Bel exemplaire.

89. Desnoyers (Fernand). Une Journée de Pick de l'Isère, suivie de quelques aventures du Gil Blas de la librairie française. *Paris, impr. Simon Raçon,* 1864 ; in-12, portr., cart., éb. 5 fr.

> PAPIER VERGÉ.

90. Desormeaux. Histoire de la maison de Bourbon, par M. Desormeaux. *Paris, de l'impr. royale,* 1772-1788; 5 vol. in-4, front. et fig., veau marbré, fil., tr. dor. (*Rel. anc.*) 120 fr.

> Un des ouvrages les mieux illustrés du siècle dernier : 1 frontispice par *Boucher,* 1 fleuron de dédicace, 5 fleurons sur les titres et 21 culs-de-lampe par *Choffard,* 14 portraits par *Fragonard, Le Monnier* et *Vincent,* et 21 vignettes en-têtes par *Moreau.* Mouillures.

91. Deux années à Constantinople et en Morée (1825-1826), ou esquisses historiques sur Mahmoud, les janissaires, les nouvelles troupes, Ibrahim-Pacha, Solyman-Bey, etc. Par M. C... D... (Charles Deval). *Paris, Nepveu,* 1827; gr. in-8, veau violet, dos orné, comp. à froid, tr. dor. 35 fr.

> 15 belles planches de costumes orientaux, lithographiées par *Collin,* et soigneusement enluminées en or et en couleurs. PREMIER TIRAGE. Jolie reliure genre Simier.

92. Deyeux. Le vieux Chasseur. *Paris, Plon, s. d.;* in-18, demi-rel. chagr. 3 fr.

> Gravures sur bois par *Baulant.*

93. Dictionnaire d'Amour, par le berger Sylvain (Maréchal). Etrennes pour l'année 1789. *Paris, Briand,* 1788 ; 2 tomes en 1 vol. in-18, bas.   5 fr.

Frontispice gravé par *Oder.*

94. Dictionnaire minéralogique et hydrographique de la France, contenant : 1° la Description des Mines, Fossiles, Fluors, Crystaux, etc. 2° l'Histoire naturelle de toutes les Fontaines minérales du Royaume, etc. (par P.-Jos. Buc'hoz.) *Paris, J.-P. Costard,* 1772-1776 ; mar. olive et mar. vert, dos orné, fil., tr. dor. (*Rel. anc.*)   100 fr.

Exemplaire de dédicace aux premières armes du comte d'Artois. Rare. Légère différence dans la reliure des 4 volumes.

95. Diguet (Charles). Les Jolies Femmes de Paris. *Paris, Lacroix,* 1870 ; in-4, br.   50 fr.

Exemplaire sur GRAND PAPIER RAISIN. Frontispice et 20 portraits à l'eau-forte par *Martial,* tirés sur *Chine monté.*

96. Dinaux (Arthur). Description des fêtes populaires données à Valenciennes les 11, 12, 13 mai 1851 par la société des Incas. *Lille, Vanackere,* 1854 ; in-8, br.   10 fr.

Texte encadré. — 23 planches à l'eau-forte représentant les chars et les groupes historiques de la cavalcade.

97. Dinaux (Arthur). Siège et prise de Valenciennes en 1677, par Louis XIV. Relations et pièces originales du temps, recueillies par A. Dinaux. *Valenciennes,* 1856 ; in-8, plan, mar. rouge, fil. à froid, tête dor., *non rogné (Poirier)* 30 fr.

Exemplaire de l'auteur avec son portrait photographié ajouté.

98. Dinaux (Arthur). La Société des Rosati d'Arras, 1778-1788. *A la vallée des Roses, de l'impr. anacréontique (Valenciennes, impr. Prignet),* 1850 ; in-12 carré, front., demi-rel. dos et coins de mar. rouge, tête dor.   25 fr.

Ouvrage tiré à 25 exemplaires sur PAPIER ROSE. Envoi signé de l'auteur.

99. Dominique de Ste Catherine. Le grand Pecheur converty, representé dans les deux estats de la vie de M. de Queriolet, prestre. Seconde édition. *Paris, Florentin Lambert,* 1665 ; in-12, vélin. 5 fr.

100. Dons (Les) des Enfants de Latone : la musique et la chasse du cerf, poëme (par J. de Serré de Rieux). *Paris, Prault,* 1734 ; in-8, pl., veau.   30 fr.

Un frontispice et 6 figures par *Oudry* (dont 5 techniques) ; 50 planches de musique gravée.

101. Drujon (Fernand). Les Livres à clef. Étude de bibliographie critique et analytique pour servir à l'histoire littéraire. *Paris, Rouveyre,* 1888 ; 2 vol. in-8, br.   15 fr.

PAPIER VERGÉ.

102. Du Bellay (Martin). Les Mémoires de Mess. Martin du Bellay, seigneur de Langey, contenant le discours de plusieurs choses avenües au royaume de France depuis l'an 1513 jusques au trépas du roy François premier, ausquels l'autheur a inséré trois livres et quelques fragmens des Ogdoades de Mess. Guillaume du Bellay, seigneur de Langey, son frère. *Paris, Pierre l'Huilier,* 1573 ; in-8, mar. brun, fil. à froid, tr. dor. (*Lortic*).
60 fr.

Très bonne édition. Taches.

103. Du Cange. Glossarium mediæ et infimæ latinitatis conditum a Carolo du Fresne, domino du Cange auctum a monachis ord. S. Benedicti, cum supplementis integris D. P. Carpenterii adelungii, aliorum, suisque digessit G. A. L. Henschel. Editio nova aucta pluribus verbis aliorum sciptorum a Léopold Favre. *Niort, L. Favre,* 1883-1887 ; 10 vol. in-4, br. 200 fr.

Ouvrage le plus important pour l'étude de la langue de la basse latinité ; il est resté et restera le modèle du genre.

104. Du Châtelet (Marquise). Institution de Physique. *Paris, Prault,* 1740 ; in-8, front., mar. rouge, dos orné, fil., tr. dor. (*Rel. anc.*). 75 fr.

Ouvrage réputé, analysé par **Voltaire,** où sont exposés, avec une grande clarté, les principes de Newton, nouveaux alors en France.
Exemplaire orné de jolies vignettes entêtes et de planches démonstratives, portant sur l'un des feuillets de garde cet envoi de l'auteur : « *Pour Monseigneur le Chancelier [d'Aguesseau] de la part de Madame la Marquise du Chastellet* ».

105. Du Fail (Noël). Les Contes et discours d'Eutrapel, par le feu seigneur de la Hérissaye. Dernière édition. *Rennes, Noël Glamet,* 1598 ; in-16, veau.   15 fr.

Cette édition est la quatrième donnée par Glamet.

Et de Livres anciens et modernes

106. **Dulaure**. Des Divinités génératrices, ou du culte du Phallus, chez les anciens et les modernes. *Paris, Liseux*, 1885 ; in-8, br. 10 fr.

107. **Dupont-Auberville**. L'Ornement des tissus, recueil historique et pratique, avec des notes explicatives et une introduction générale. *Paris, Ducher*, 1877 ; 2 parties en un vol. in-fol., demi-rel. dos et coins de mar. brun, tête dor., *non rogné*. 70 fr.

> 100 grandes et belles planches en chromolithographies.

108. **Duplessi-Bertaux**. Recueil de cent sujets de divers genres dessinés et gravés à l'eau-forte par J. Duplessi-Bertaux, représentant toutes sortes d'ouvriers occupés de leurs travaux, scènes de comédies, scènes populaires, mendians, militaires, cavaliers, chevaux à l'abreuvoir, foires, danses de village, etc. *Paris, chez les éditeurs*, 1814 ; in-4 oblong, demi-rel. mar. rouge, *non rogné*. 120 fr.

> Joli recueil de gravures devenu rare. Bel exemplaire avec les figures AVANT LA LETTRE.
> On a ajouté un portrait-caricature de Napoléon I⁽ᵉʳ⁾ gravé par *D. Bertaux*. Très rare.

109. **Du Sommerard**. LES ARTS AU MOYEN-AGE, en ce qui concerne principalement le palais Romain de Paris, l'hôtel de Cluny, issu de ses ruines et les objets d'art de la collection classée dans cet hôtel splendide. Ouvrage composé de 510 planches in-fol. dont beaucoup sont coloriées et 5 vol. in-8 de texte, demi-rel. dos et coins de mar., tête dor., *non rognés (Rousselle)*. 600 fr.

> Cette superbe publication donne les plus beaux specimens d'objets de l'époque du moyen-âge, elle a été publiée par les soins du gouvernement, sous la direction de l'auteur, en 1846.
> Monuments religieux, 60 pl. — Monuments civils, 40 pl. — Mobiliers civils et religieux, 40 pl. — Sculptures, groupes, figures, monuments en pierre, marbre, bois, statues, bas-reliefs, 40 pl. — Peinture, tableaux, volets de diptyques et de triptyqnes, portraits, dessins, 40 pl. — Miniatures, manuscrits, dessins, 60 pl. — Tapisseries, étoffes, ornements d'église, costumes, vitraux, faïences, mosaïques, 40 pl. — Emaux, autels d'or, 40 pl. — Armes, armures, fers, orfévrerie, objets usuels, 40 pl.

110. **Du Tillet**, Recueil des roys de France, leur couronne et maison. Ensemble le rang des grands de France, par Jean du Tillet, sieur de la Bussière. *Paris, Jean Houzé*, 1602; in-4, vélin à recouv., milieux, fil., tr. dor. (*Rel. anc.*). 100 fr.

> Très bel exemplaire.

111. **Duval** (P.). La France, depuis son agrandissement par les conquestes du Roy. *Paris, l'autheur*, 1680 ; in-12, veau. 10 fr.

> Cartes et armoiries des provinces gravées sur cuivre.

112. **Éloge** de la Roture. Dedié aux roturiers (par l'abbé Jaubert). *Londres et Paris, Dessain junior*, 1766 ; in-12, veau fauve, dos orné, dent. à froid, tr. dor. 25 fr.

> Exemplaire du comte H. DE LA BEDOYÈRE.

113. **Érasme**. Desyderii Erasmi Roteradami, de Duplici copia verborum, ac rerum commentarii duo. Ab autore ipso diligentissime recogniti et emaculati, atque in plerisque locis aucti. Epistola Erasmi Roterodami ad Jacobum Vuimphelingum Selestatinum. (In fine :) *Selestadii in œdibus Lazarii Schurerii, mense novembri* 1519 ; pet. in-4, demi-rel. dos et coins de mar. La Vallière, tête dor., éb. 40 fr.

> Edition rare. Bel exemplaire.

114. **Érasme**. L'Éloge de la Folie, traduit du latin d'Erasme par M. Gueudeville. Nouvelle édition, revue et corrigée sur le texte de l'édition de Basle, ornée de nouvelles figures avec des notes (par Meunier de Querlon). *S. l. (Paris)*, 1751 ; in-4, veau. 80 fr.

> Exemplaire en GRAND PAPIER, orné d'un frontispice, d'un fleuron de titre, de 13 estampes, d'une vignette et d'un cul-de-lampe par *Eisen*, gravés par *Aliamet, Delafosse, Flipart, Legrand, Le Mire, Martinasie, Pasquier, Pincio et Tardieu*.

115. **Érasme**. L'Éloge de la Folie, traduit du latin d'Erasme par M. Gueudeville. Nouvelle édition revue et corrigée. *S. l. (Paris)*, 1757 ; in-12, veau. 10 fr.

> Frontispice et 13 jolies figures d'*Eisen*.

116. **Érasme**. L'Éloge de la folie ; traduction nouvelle du latin d'Erasme par M. Barrett. *Paris, Defer de Maisonneuve*, 1789 ; in-8, br. 4 fr.

> 12 figures en taille-douce par *Eisen*.

Achat de Bibliothèques

117. Érasme. Des. Erasmi Rotherodami Paraphrasis in Novum Testamentum, videlicet in quatuor Evangelia et acta apostolorum. *Parisiis, apud Goleotum a Prato,* 1540 ; 6 parties en 4 vol. in-16, mar. rouge, dos orné, fil., tr. dor. (*Rel. anc.*). 1.500 fr.

Charmante édition illustrée de délicates figures sur bois.
Très bel exemplaire dans une très fraîche reliure de Boyet, aux armes et au chiffre de Dominique Séguier, évêque de Meaux.

118. Ésope. Fabulæ Æsopiæ, a Gabriele Faerno Festo Aviano, et Michaele Gabria versibus latinis reddita. *Lipsiæ, typis Henningi Grossii,* 1618 ; in-12, vélin, fermoirs. 5 fr.

Figures sur bois. — Rousseurs.

119. Esope, Phèdre et La Fontaine. Les trois Fabulistes, Esope, Phèdre et La Fontaine par Chamfort et Gail. *Paris, Delance,* 1796 ; 4 vol. in-8, vélin, dos orné, tr. dor. 25 fr.

Tome I, Esope, traduit par Gail. — Tome II, Phèdre, traduit par Gail. — Tomes III et IV, Fables de La Fontaine avec des notes de Chamfort.

120. Espion (L') dans les Cours des princes chrétiens, ou lettres et mémoires d'un envoyé secret de la Porte dans les Cours de l'Europe. (Par Jean-Paul Marana). *Cologne, Erasme Kinkius,* 1700 ; 6 vol. in-12, veau. 12 fr.

Figures en taille-douce. Voyez sur cet ouvrage Barbier, Ouvrages anonymes, II, 176.

121. Espion (l'). de Thamas KouliKan dans les Cours de l'Europe, ou lettres et mémoires de Pagi-Nassir-Bek. Traduit du persan par l'abbé de Rochebrune. *Cologne, E. Kinkius,* 1746 ; in-12, front., veau, dos orné (*Rel. anc.*). 10 fr.

Aux armes du duc de Richelieu.

122. Essai historique sur la vie de Marie-Antoinette, reine de France et de Navarre, orné de son portrait et rédigé sur plusieurs manuscrits de sa main. Seconde partie. *Versailles, chez la Montensier,* 1790 ; in-8, *broché.* 20 fr.

Un des violents pamphlets dirigés contre l'honneur de la Reine.

123. Estienne (Henri). Apologie pour Hérodote ou traité de la con-

formité des merveilles anciennes avec les modernes. Nouvelle édition, faite sur la première, augmentée de tout ce que les postérieures ont de curieux et de remarques par Mr Le Duchat. *La Haye, H. Scheurleer,* 1735 ; 2 tomes en 3 vol. in-12, front., veau marbré, dos orné, fil. (*Rel. anc.*). 30 fr.

124. Estienne (Henri). Traicté de la conformité de language françois avec le grec, divisé en trois livres .. duquel l'auteur et imprimeur est Henry Estienne. *S. l. n. d.* (*Genève, Henri Estienne, vers* 1565); in-8 de 16 ff. prél. et 150 pp., mar. vert, fil. à froid, tr. dor. (*Bauzonzonnet-Trautz*). 120 fr.

Édition originale de ce traité fort curieux ; elle contient différents passages qui ont été supprimés dans les suivantes et dont l'un, fort remarquable, est dirigé contre le Pape. — Plusieurs noms inscrits sur le titre ont été enlevés par le lavage.

125. Estienne et Liebaut. L'Agriculture et maison rustique de MM. Charles Estienne et Jean Liebaut, revue et augmentée. Plus un bref recueil des chasses du cerf, du sanglier, du lièvre, du renard, du blereau, du connil, du loup, des oyseaux ; et de la fauconnerie. *Rouen, J. Berthelin,* 1641 ; in-4, fig., vélin. 20 fr.

Espèce d'encyclopédie traitant de toutes les connaissances nécessaires aux habitants des campagnes.

126. Étrennes (Les) de la Saint-Jean (par le comte de Maurepas, Montesquieu, le comte de Caylus, Moncrif, Crébillon fils, Sallé, La Chaussée, Duclos, d'Armenonville et Voisenon). Troisième édition, revue, corrigée et augmentée. *Troyes, Vve Oudot,* 1751 ; in-12, cart. toile. 5 fr.

127. Évangiles (les Saints). Traduction tirée des œuvres de Bossuet, par M. H. Wallon. *Paris, Hachette,* 1873 ; 2 vol. in-fol., *en feuilles,* et en carton. 450 fr.

Magnifique publication ornée de compositions de *Bida,* gravées à l'eau-forte par *Hédouin, Flameng, Nanteuil* et *Veyrassat ;* de culs-de-lampe, d'en-têtes et de lettres ornées dessinés par *Rossigneux.*
Très bel exemplaire en grand papier de Hollande. Publié à 2000 fr.

128. Évangiles (les) des Quenouilles. Nouvelle édition revue sur les éditions anciennes et les manuscrits. Avec préface, glossaire et table analytique. *Paris, Janet,* 1855; in-12, mar. rouge, dos orné, fil., tr. dor. (*Hardy*).   15 fr.

> Exemplaire tiré sur PAPIER DE CHINE ; de la collection de la Bibliothèque elzevirienne publiée par Janet.

129. **Fables** et contes. (Traduits principalement de l'allemand de Gellert, par Boulanger de Rivery). *Paris, Duchesne,* 1754; in-12, cart. 5 fr.

> Vignette de titre et 3 vignettes en-tête par *Eisen.* — Le faux-titre manque.

130. **Fables inédites** de XIIe, XIIIe et XIVe siècles, et fables de La Fontaice rapprochées de celles de tous les auteurs qui avoient, avant lui, traité les mêmes sujets, précédées d'une notice sur les fabulistes par A. C. M. Robert. *Paris, Etienne Carbin,* 1825 ; 2 vol. in-8, demi-rel. chagrin vert.   25 fr.

> Portrait de La Fontaine, 90 figures en taille-douce et fac-similés d'écriture.

131. **Fabre** (Ferdinand). L'Abbé Tigrane, candidat à la papauté. *Paris, Conquet,* 1890; pet. in-8, *broché.*   60 fr.

> Très belle édition sur PAPIER VÉLIN DU MARAIS, ornée d'un portrait d'après *J.-P. Laurens,* et de 20 eaux-fortes originales de *E. Rudaux.* Une charmante aquarelle de *H. de Sta* a été peinte sur le faux-titre.

132. **Fabre** (Ferdinand). Œuvres de Ferdinand Fabre. *Paris, Alphonse Lemerre,* 1888-1892 ; 4 vol. in-12, br.   40 fr.

> L'Abbé Tigrane. — M. Jean. — Barnabé. — Le Chevrier.
> L'un des 10 exemplaires sur PAPIER DE CHINE.

133. **Fabris** (Salvatore). Scienza et pratica d'Arme di Salvatore Fabris, capo dell' ordine dei sette cuori. *Leipzig, Erasmus Hynitzsch,* 1677; pet. in-fol., vélin.   200 fr.

> Livre d'escrime extrêmement rare, avec texte italien et allemand. Curieuses et belles figures en taille-douce où tous les escrimeurs sont représentés entièrement nus. La figure de la p. 62 est intacte.

134. **Faramond,** ou l'histoire de France. Reveue et corrigée de toutes les fautes qui se sont glissées dans l'impression précédente. *Jouxte la copie imprimée à Paris, chez Ant. de Sommaville (Amsterdam, Blaeu),* 1664-1670 ; 12 vol. in-12, front., veau.   30 fr.

> Les 7 premiers volumes ont été rédigés

par de La Calprenède, et les 5 derniers par de Vaumorière.

135. **Farce** (La) de maistre Pierre Pathelin, avec son testament à quatre personnages. Nouvelle édition. *Paris, Durand,* 1762; pet. in-8, cart. 4 fr.

136. **Fastes** (Les) de Louis XV, de ses ministres, maîtresses, généraux, et autres notables personnages de son règne (par Bouffonidor). *Villefranche, chez la veuve Liberté,* 1782 ; 2 vol. in-12, mar. brun jans., tête dor., *non rognés.*   25 fr.

> Ouvrage renfermant des détails des plus intéressants sur le règne de Louis XV.

137. **Fastes** (Les) de Louis XV, de ses ministres, maitresses, généraux et autres notables personnages de son règne (par Bouffonidor). *Londres,* 1787 ; 2 tomes en un vol. in-12, bas.   8 fr.

138. **Fauchet** (Claude). Origine des dignitez et magistrats de France. Recueillies par Claude Fauchet. *Paris, Jeremie Perier,* 1600 ; pet. in-8, vélin.   20 fr.

139. **Fauchet** (Claude). Recueil de l'Origine de la langue et poésie françoise, ryme et romans ; plus les noms et sommaire des œuvres de CXXVII poëtes françois vivans avant l'an M. CCC. (par Claude Fauchet). *Paris, Mamert Patisson,* 1581 ; in-4, mar. rouge, dos orné, fil. à froid, tr. dor. (*Bauzonnet-Trautz*).   150 fr.

> ÉDITION ORIGINALE, rare.
> Exemplaire de Ch. NODIER, relié à nouveau, avec sa signature autographe sur un f. de garde.

140. **Fauvelet du Toc.** Histoire des Secrétaires d'Estat, contenant l'origine, le progrès et l'établissement de leurs charges, avec les éloges, les armes, blasons et généalogies de tous ceux qui les ont possédées jusqu'à présent. *Paris, Ch. de Sercy,* 1668 ; in-4, veau.   30 fr.

> Grandes armoiries gravées sur bois.

141. **Félibien** (Michel). Histoire de la ville de Paris, composée par D. Michel Félibien, reveue, augmentée et mise au jour par D. Guy-Alexis Lobineau, tous deux prêtres religieux bénédictins, de la congrégation de Saint-Maur. *Paris, Desprez et Desessartz,* 1725 ; 5 vol.

in-fol., veau marbr., dos orné (*Rel. anc.*) 125 fr.

Très bel exemplaire en GRAND PAPIER, orné de nombreuses figures gravées en taille-douce d'après *Chevelet*.

142. Fénelon. Les Aventures de Télémaque. *Paris, impr. de Didot jeune*, 1790; 2 vol. in-8, br. 50 fr.

PAPIER VÉLIN. Portrait de Fénelon sur le titre gravé par *Gaucher* d'après *Vivien*. On y joint les 24 figures de *Moreau le jeune*, gravées par de *Ghendt* et *Simonet* de 1810 à 1812.

143. Fénelon. Directions pour la conscience d'un roi, composées pour l'instruction de Louis de France, duc de Bourgogne. *Paris, les frères Estienne*, 1775; in-12, veau. 4 fr.

144. Fêtes et Courtisanes de la Grèce; supplément aux voyages d'Anacharsis et d'Antenor. (Par J.-B.-P. Chaussard). *Paris, Buisson*, 1801; 4 vol. in-8, fig., basane. 25 fr.

ÉDITION ORIGINALE.

145. Feuillet (Octave). Julia de Trécœur. *Paris, Calmann Lévy*, 1885; in-8, demi-rel. dos et coins de mar. rouge, tête dor., *non rogné* (*Bretault*). 150 fr.

Exemplaire sur PAPIER DU JAPON, avec 14 charmantes aquarelles dans les marges, en têtes et en fins de chapitre, par *Somm*.

146. Feuillet de Conches. Louis XVI, Marie-Antoinette et Madame Elisabeth. Lettres et documents inédits. *Paris, Plon*, 1864-1873; 6 vol. in-8, portr., br. 30 fr.

147. Filhol. Galerie du musée Napoléon. Texte par Joseph Lavallée et Caraffe. *Paris, Filhol*, 1804-1814; 10 vol. — Galerie du musée de France. Texte par Lavallée, et continué par Jal. *Paris, Vve Filhol*, 1828. Ens. 11 vol. gr. in-8, demi-rel. dos et coins de mar. rouge, dos orné (*Rel. anc.*) 300 fr.

Bel ouvrage renfermant 792 figures reproduisant les chefs-d'œuvre du musée Napoléon (aujourd'hui du Louvre). Le tome XI° est cartonné, non rogné, et ses figures sont avec la lettre grise.

148. Flamen (Albert). Livre d'Oyseaux gravés et dessignés au naturel, 12 pl. — Diverses espèces de Poissons de mer, 2 parties de 12 planches chacune. — Diverses espèces de Poissons d'eau douce, 2 parties de 12 planches chacune. *Paris, s. d. (vers 1665)*. Ens. 5 parties en 1 vol. pet. in-fol. oblong, demi-rel. dos et coins de chagrin vert, fil., tr. dor. 175 fr.

Recueil de 60 eaux-fortes dessinées et gravées par *A. Flamen*.

149. Flandrin (Eug.). L'Orient. *Paris, Gide et Baudry*, 1853; in-fol., demi-rel. chagr. vert. 40 fr.

50 vues lithographiées de Constantinople et de l'Asie-Mineure.

150. Flandrin (Hippolyte). Frise de la Nef de l'église Saint-Vincent-de-Paul. *Paris, impr. Lemercier, s. d.*; in-4 obl., demi-rel. toile. 25 fr.

Album composé de 14 planches lithographiées. Publié à 50 francs.

151. Foucquet. Œuvre de Jehan Foucquet. Heures de maistre Etienne Chevallier. Texte restitué par M. l'abbé Delaunay. *Paris, Curmer*, 1866-1867; 2 vol. in-4, en livraisons. 200 fr.

Splendide publication reproduisant, par la chromolithographie, les magnifiques miniatures, les bordures et autres ornements du célèbre Livre d'Heures d'Etienne Chevalier, contrôleur général des finances des rois Charles VII et Louis XI, exécuté par le grand miniaturiste français, Jean Fouquet, vers le milieu du XV° siècle. Très bel exemplaire.

152. Fulvio (Andrea). L'Antichita di Roma. Con le aggiuntioni e Pannotationi di Girolamo Ferrucci. *Venetia, Girolamo Francini*, 1588, in-8, vélin. 10 fr.

Figures des monuments de Rome, gravées sur bois et insérées dans le texte.

153. Furetière. Le Roman bourgeois. Nouvelle édition, revue de nouveau, corrigée et augmentée. *Nancy, J.-B. Cusson*, 1712; in-12, demi-rel. mar. citron, dos orné, *non rogné*. 40 fr.

Bel exemplaire provenant de la bibliothèque de *Pixerécourt*. Portrait de Furetière ajouté.

154. Furetière. Le Roman bourgeois. Nouvelle édition revue de nouveau, corrigée et augmentée. *Nancy, J.-B. Cusson*, 1713; in-12, front., mar. rouge, dos orné, fil., tr. dor. (*Closs*). 20 fr.

Frontispice et figures. Raccommodage au titre et à plusieurs feuillets.

155. Gaëte (Duc de). Mémoires, souvenirs, opinions et écrits du duc de Gaëte (Martin-Michel-Charles Gudin), ancien ministre des finances. *Paris, Baudouin*, 1826 ; 2 vol. in-8, brochés.   35 fr.

Rare. De la collection des Mémoires relatifs à la Révolution.

156. Galerie (La) électorale de Dusseldorff ou catalogue raisonné et figuré de ses tableaux, par Nicolas de Pigage. — Estampes du catalogue raisonné et figuré des tableaux de la galerie électorale de Dusseldorf. *Basle , Chrétien de Mechel*, 1778 ; 2 vol. pet. in-fol. obl., cart., non rogné, et demi-rel. mar. rouge.   60 fr.

30 belles planches par *Chrétien de Mechel,* donnant le plan, la vue et la reproduction gravée de tous les tableaux de cette célèbre galerie.

157. Galien. Epitomes omnium Galeni Pergameni Opera per Andream Lacunam Secobiensem, D. M. summa fide atque studio collecta. *Lugduni, apud Gulielmum Rovillium ,* 1553 ; 4 vol. in-16, veau.   20 fr.

Jolie édition lyonnaise, imprimée en caractères italiques.

158. Garcia (Don). L'Antiquité des Larrons, ouvrage non moins curieux que delectable, composé en espagnol et traduit en françois par le sieur Daudiguier. *Paris, Toussaint du Bray ,* 1621 ; in-12, veau.   10 fr.

159. Garon (Louys). Le Chasse ennuy ou l'honneste entretien des bonnes compagnies, divisé en V centuries. *Jouxte la copie imprimée à Lion, à Paris, chez Cl. Griset,* 1633 ; in-12, vélin.   12 fr.

160. Genlis (Mme de). Mémoires inédits de Madame la comtesse de Genlis, sur le XVIIIe siècle et la Révolution française, depuis 1756 jusqu'à nos jours. *Paris, Ladvocat,* 1825 ; 8 vol. in-8, cart., *non rognés.*   40 fr.

161. Giardini (Joan). Promptuarium artis argentariæ, ad cujuscumque generis vasa argentea ac aurea invenienda ac conficienda utile. *Romæ,* 1759 ; in-fol., demi-rel. dos et coins de mar. rouge, tr. dor.   200 fr.

Recueil de 100 planches gravées.

162. Gilbert. Œuvres complètes. Nouvelle édition. *Paris, Pillot, an X* (1802) ; 2 tomes en un vol. pet. in-12, portr., veau, dos orné, dent.   5 fr.

163. Giraldi Cinthio. Le Tragedie di M. Gio. Basttista Giraldi Cinthio, cioè Orbecche, Altile, Didone, Antivalomeni, Cleopatra, Arrenopia, Euphimia, Epitia, Selene. *In Venetia, appr. Giulio Cesare Cagnacini,* 1583 ; in-8, vélin.   10 fr.

Chacune de ces tragédies a un titre particulier. Portrait de l'auteur. Mouillures à plusieurs feuillets.

164. Girard. Traité des armes, dédié au roy, par le Sr P. J. F. Girard, ancien officier de Marine : enseignant la manière de combattre de pointe seule, toutes les gardes étrangères, l'Espadon, les Piques, Hallebardes, Bayonnettes au bout du fusil, fleaux brisés et bâtons à deux bouts : Ensemble à faire de bonne grace les saluts de l'Esponton, l'exercice du fusil et celui de la grenadiere, tels qu'ils se pratiquent aujourd'huy dans l'art militaire de France. Orné de figures en taille-douce. *A la Haye, chez Pierre de Hondt,* 1740 ; in-4, obl., bas. 120 fr.

Livre rare orné d'un frontispice avec portrait de l'auteur dessiné et gravé par *Jacq. de Favannes* et 116 belles planches gravées en taille-douce.

165. Gœthe. Faust, traduction de J. Porchat, revue par B. Lévy. *Paris, Hachette,* 1878 ; in-fol., demi-rel. chagr. rouge, plats toile, tr. dor., *non rogné (Rel. de l'éditeur).* 35 fr.

Planches hors texte.

166. Gœthe. Faust, traduction et préface nouvelles, par H. Blaze de Bury. *Paris, Quantin,* 1880 ; gr. in-8, broché.   25 fr.

Ce magnifique ouvrage est imprimé sur PAPIER DE HOLLANDE fabriqué à la forme, illustré de 11 eaux-fortes hors texte, dont 1 portrait par *Lalauze,* tirées sur Hollande, et de 50 bois gravés par *Méaulle,* d'après *Wogel* et *Scott,* pour chaque chapitre, entête et cul-de-lampe.
Etat de neuf, publié à 50 francs.

167. Gombauld. Les Pœsies de Gombauld. *Paris, Aug. Courbé,* 1646 ; in-4, veau fauve, dos orné, fil., tr. dor.   60 fr.

Sonnets, stances, épigrammes, élégies. Bel exemplaire aux armes du marquis de VILLENEUVE-TRANS.

Achat de Bibliothèques

168. Gomboust. Plan de Paris dressé géométriquement en 1649 et publié en 1652, par Jacques Gomboust, avec le texte, les vues et les ornements qui accompagnent quelques exemplaires. Augmenté d'une feuille d'assemblage pour faciliter les recherches. Gravé en fac-similé par Lebel et publié par la Société des Bibliophiles françois. *Paris, Techener,* 1858 ; in-fol. max., demi-rel. chagr. rouge, tête dor. 40 fr.

> Réimpression d'un plan extrêmement rare, comprenant 11 feuilles pour le plan proprement dit, le tableau d'assemblage et les bordures gravées en taille-douce.

169. Goncourt (Jules de). Eaux-fortes de Jules de Goncourt. Notice et catalogue de Ph. Burty. *Paris, librairie de l'Art,* 1876 ; in-fol., *en feuilles,* dans un carton. 70 fr.

> L'un des 100 exemplaires sur PAPIER DE HOLLANDE, avec les 20 planches tirées sur *Japon.*
> Publié à 200 francs.

170. Goncourt (Jules de). Eaux-fortes, notice et catalogue de Philippe de Burty. *Paris, librairie de l'Art,* 1876 ; in-fol., *en feuilles,* dans un carton. 50 fr.

> L'un des 200 exemplaires sur PAPIER TEINTÉ, avec planches sur papier de Hollande.

171. Goncourt (Edmond et Jules de). L'Art du dix-huitième siècle. Deuxième édition revue et augmentée. *Paris, Rapilly,* 1873-1874 ; 2 vol. in-8, demi-rel. chagr. rouge, tête dor., *non rognés.* 15 fr.

> Édition tirée sur PAPIER VERGÉ. Bel exemplaire.

172. Goncourt (Edm. et Jules de). L'Art du dix-huitième siècle. Troisième édition revue et augmentée. *Paris, Quantin,* 1880-1882 ; 2 vol. in-4, demi-rel. chagrin bleu, *non rognés.* 160 fr.

> Watteau. — Chardin. — Boucher. — Latour. — Greuze. — Les Saint-Aubin. — Gravelot. — Cochin. — Eisen. — Moreau. — Debucourt. — Fragonard. — Prud'hon. Exemplaire sur PAPIER WHATMAN, tiré à 100 exemplaires, avec la double suite des figures AVANT et avec la lettre. Publié à 350 francs.

173. Gonse (Louis). L'Art ancien et l'Art moderne à l'Exposition de 1878. *Paris, Quantin,* 1879 ; 2 vol. in-4, br. 20 fr.

> Figures dans le texte et hors texte. Eaux-fortes.

174. Gourdon de Genouillac. Recueil d'Armoiries des maisons nobles de France. *Paris, Dentu,* 1860 ; in-8, demi-rel. chagr. noir. 6 fr.

175. Gower (Ronald). The Lenoir Collection of original french portraits at Stafford House auto-lithographed by Lord Ronald Gower. Published by Maclure and Macdonald, Lithographers to hers Majesty the Queen. *London,* 1874 ; in-fol., portr. cart., toile. 75 fr.

176. Graffigny (Mme de). Lettres d'une Péruvienne, traduites du français en italien par M. Deodati (avec le texte en regard). *Paris, de l'impr. de Migneret,* 1797 ; gr. in-8, demi-rel. dos et coins de mar. citron, dos orné, tête dor., non rogné (*Dupré*). 200 fr.

> Portrait de l'auteur d'après *Latour,* gravé par *Gaucher,* et 6 belles figures par *Le Barbier,* gravées par *Choffard, Halbou, Patas, Gaucher* et *Lingée.*
> Bel exemplaire en GRAND PAPIER VÉLIN, avec une double épreuve des figures AVANT et avec la lettre et la même suite dessinée au lavis.

177. Grandville. Les Métamorphoses du Jour par Grandville. Accompagnées d'un texte par MM. Albéric Second, Louis Lurine, Cl. Caraguel, Taxile Delord, H. de Beaulieu, Louis Huart, Ch. Monselet, Julien Lemer. Précédées d'une notice sur Grandville par M. Charles Blanc. *Paris, Ch. Havard,* 1854 ; in-8, demi-rel. veau rose, dos orné. 30 fr.

> 70 figures coloriées, gravées sur bois.

178. Grandville. Scènes de la vie privée et publique des Animaux, vignettes par Grandville. Etude de mœurs contemporaines publiés sous la direction de M. P.-J. Stahl, avec la collaboration de MM. de Balzac, L. Baude, E. de La Bédollière, etc. *Paris, Hetzel et Paulin,* 1842 ; 2 vol. gr. in-8, demi-rel. veau, *non rognés.* 75 fr.

> Exemplaire entièrement non rogné.

179. Grasset Saint-Sauveur. Les Fastes du peuple français, ou tableaux raisonnés de toutes les actions héroïques et civiques du soldat et du citoyen français. *Paris, Deroy,* 1796 ; in-4, demi-rel. 40 fr.

> Frontispice et 35 planches à l'aqua-teinte d'après les dessins de *Labrousse.* Rare.

Et de Livres anciens et modernes

180. Grasset S.-Sauveur. Encyclopédic des Voyages, contenant l'abrégé historique des mœurs, usages, habitudes domestiques, religions, fêtes, supplices, funérailles, sciences, arts et commerce de tous les peuples. *Paris, Deroy,* 1796 ; in-4 en 50 livraisons.   100 fr.

> 346 planches coloriées donnant la représentation des costumes civils et militaires de toutes les nations du monde.

181. Grécourt. Œuvres complètes de Grécourt, enrichies de gravures. Nouvelle édition, soigneusement corrigée. *Paris, Chaignieau,* 1796 ; 4 vol. in-8, port. et fig., mar. rouge, dos orné, fil., tr. dor. *(Capé)* 200 fr.

> Portrait par *Dupréel* et figures par *Fragonard fils.*
> Bel exemplaire sur PAPIER VÉLIN.

182. Grimod de la Reynière. Manuel des Amphitryons contenant un traité de la dissection des viandes à table, la nomenclature des menus les plus nouveaux pour chaque saison et des élémens de politesse gourmande. *Paris, Capelle et Renand,* 1808 ; in-8, demi-rel. bas.   12 fr.

> Figures en taille-douce.

183. Grisier. Les Armes et le Duel. 3ᵉ édition, revue, corrigée et augmentée. *Paris, Dentu,* 1864 ; gr. in-8, *broché.*   15 fr.

> Portrait et figures. Etat de neuf.

184. Grosier (l'abbé). Histoire générale de la Chine, ou annales de cet empire. *Paris, P. D. Pierre,* 1777 ; 12 vol. in-4, veau marbré.   60 fr.

> Figures en taille-douce.

185. Gruner (Lewis). Fresco décorations and stuccoes of churches and Palaces in Italy during the xvᵗʰ and xvᵗʰᵉ centuries with descriptions. *London, Murray,* 1844 ; 1 vol. in-4 et album gr. in-fol., mar. bleu, large dent., doublés de vélin blanc, tr. dor.   300 fr.

> 45 planches noires et coloriées.
> Exemplaire aux armes du roi LOUIS-PHILIPPE.

186. Guerre de Crimée. The Seat of War in the East by William Simpson. *London, Paul and Dominic Colnaghi,* 1855 ; in-fol., d.-rel. dos et coins de chagr. brun. 120 fr.

> Collection de 40 planches lithographiées représentant les divers épisodes du siège de Sébastopol et de la campagne de 1855-56 auxquels prirent part les troupes anglaises de l'expédition.

187. Guicciardin (Louis). Les Heures de recreation et apres-dinées de Louys Gucciardin, citoyen et gentilhomme florentin. Traduit d'italien en françois par François de Belle-Forest comingeois. *Rouen, impr. de Martin le Mesgissier, s. d. ;* in-16, mar. rouge, dos orné, fil., tr. dor. *(Rel. anc.)*   60 fr.

> Jolie petite édition de ce recueil de facéties imprimées à Rouen à la fin du XVIᵉ siècle.

188. Guiffrey (Jules). Inventaire général du mobilier de la Couronne sous Louis XIV (1663-1715). *Paris, Rouam,* 1885 ; 2 vol. gr. in-8, br.   25 fr.

189. Guizot. Collection des Mémoires relatifs à l'Histoire de France, depuis la fondation de la Monarchie française jusqu'au XIIIᵉ siècle, publiée par M. Guizot. *Paris, Brière,* 1823-1835 ; 32 vol. in-8, brochés.   70 fr.

190. Guizot. L'Histoire de France depuis les temps les plus reculés jusqu'en 1789, racontée à mes petits-enfants. *Paris, Hachette,* 1873-1875 ; 4 vol. gr. in-8, fig., brochés.   30 fr.

> Tomes I et IV, ornés des très belles illustrations d'*Alph. de Neuville.*

191. Hamilton (Antoine). Le Belier, conte. — Histoire de Fleur d'épine, conte. *Paris, Josse,* 1730 ; 2 tomes en un vol. in-12, veau.   7 fr.

192. Hamilton. Œuvres. *Paris, Renouard,* 1812 ; 3 vol. in-8, veau granit, dos orné, dent. *(Thouvenin).*   50 fr.

> Figures de *Moreau le jeune.* A la suite du 3ᵉ volume se trouve : Suite des Quatre Facardins et de Zeneyde, terminés par M. de Levis.

193. Haraucourt (Ed.). Seul. *Paris, Charpentier,* 1891 ; in-18, port., br.   15 fr.

> L'un des 20 exemplaires sur PAPIER DE HOLLANDE. Portrait de l'auteur par *Axilette,* gravé à l'eau-forte par *Desmoulin.*

194. Héloïse et Abailard. Lettres. Edition ornée de huit figures gravées par les meilleurs artistes de Paris, d'après les dessins et sous la direction de Moreau le jeune. *Paris, J.-B. Fournier, de l'impr. de Didot le jeune, l'an IV (1796)* ; 3 vol. in-4, demi-rel. mar. rouge, *non rognés*. 100 fr.

Figures gravées, d'après *Moreau*, par *Dambrun, Delvaux, Halbou, Lemire, Simonet*, etc.
Exemplaire en GRAND PAPIER et AVANT LA LETTRE.

195. **Héloïse** et **Abélard**. Lettres d'Héloïse et d'Abailard (en latin et en français) de la traduction de Gervaise. *Paris, J.-B. Fournier, de l'impr. de Didot*, 1796 ; 3 vol. in-4, demi-rel. mar. rouge, *non rognés*. 35 fr.

8 figures de *Moreau le jeune*.
Bel exemplaire.

196. **Heures nouvelles** tirées de la Sainte Écriture. Écrites et gravées par L. Senault. *A Paris, chez l'autheur, s. d. (vers* 1680) ; in-8, mar. rouge, dos orné, dent., tabis, tr. dor. (*Rel. anc.*) 120 fr.

Volume entièrement gravé, orné d'un frontispice et de figures gravés par *Crépy* et par *Raymond*.

197. **Histoire** d'Olivier Cromwell. (Par l'abbé François Raguenet). *Utrecht, Pierre Elzevir*, 1691 ; 2 vol. in-12, demi-rel. veau. 8 fr.

Faux élzevier (voy. Willems, n° 2466).

198. **Histoire** de Dauphiné et des princes qui ont porté le nom de Dauphins, particulièrement de ceux de la troisième race, descendus des barons de la Tour-du-Pin, sous le dernier desquels a été fait le transport de leurs états à la couronne de France. (Par J.-P. Moret de Bourchenu), marquis de Valbonnais). *Genève, Fabri et Barillot*, 1722 ; 2 vol. in-fol., veau granit, dos orné (*Rel. anc.*) 75 fr.

Ouvrage rare.

199. **Histoire** de Madame de Luz ; anecdote du règne d'Henri IV (par Duclos). *La Haye, Pierre de Hondt*, 1741 ; 2 parties en un vol. in-12, veau. 5 fr.

ÉDITION ORIGINALE.
A la suite : Lettre de Mlle de *** à Mme la marquise de *** sur l'histoire de Mme de Luz. *La Haye, J. Neaulme*, 1740.

200. **Histoire des Hommes illustres** de la Maison de Médicis, avec un abbregé des comtés de Bo-

longne et d'Auvergne (par Jean Nestor, médecin). *Paris, Charles Perier*, 1564 ; in-4, mar. vert olive, dos orné avec pièces de mar. rouge, fil., milieux, fleurons d'angle, doublé de mar. rouge, dent., tr. dor. (*Rel. anc.*) 900 fr.

Bel et rare exemplaire ayant appartenu à Madame de MAINTENON, renfermé dans une jolie reliure, portant au centre des plats un fleuron surmonté d'un soleil couronné (Louis XIV) et accosté de deux lions (d'Aubigné). La bordure est également ornementée d'un soleil sommé d'une couronne royale. (Voy. sur cette attribution le 2° fer reproduit par Guigard. *Arm. du Bibliophile*, I, 180).

201. **Histoire** (L') des Imaginations extravagantes de M. Oufle, causées par la lecture des livres qui traitent de la Magie, du grimoire, des démoniaques, sorciers, etc. (par l'abbé L. Bordelon). *Paris, Gosselin*, 1710 ; 2 vol. in-12, veau. 15 fr.

ÉDITION ORIGINALE. Figures gravées par *Crespy*. Rare.

202. **Histoire** des Modes françaises, ou révolutions du costume en France depuis l'établissement de la monarchie jusqu'à nos jours (par G.-Fr. Roger Molé, avocat). *Amsterdam et Paris, Mérigot*, 1777 ; in-12, demi-rel. veau. 5 fr.

Des cheveux et de la barbe des Français. — Recherches sur les chevelures artificielles des anciens. — Histoire des perruques, etc.

203. **Histoire** (L') et les amours du duc de Guise, surnommé le balafré (par de Brie). *Paris, Vve Mabre-Cramoisy*, 1695 ; pet. in-12, front., demi-rel. bas. 8 fr.

Petit volume rare.

204. **Histoire littéraire** de la France, par les religieux bénédictins de la congrégation de Saint-Maur. Nouvelle édition entièrement conforme à la précédente par M. Paulin Paris. *Paris, Palmé*, 1865-1869 ; 15 vol. — Table générale des Matières, par Camille Rivain. *Paris, Palmé*, 1875. Ens. 16 vol. in-4, br. 140 fr.

PAPIER VERGÉ.

205. **Histoire** politique et militaire de la guerre de 1870-1871. *Paris, Plon*, 1871-1874 ; 13 vol. in-8, brochés. 40 fr.

Benedetti. *Ma Mission en Prusse.* — Palikao. *Un Ministère de la guerre de 24 heures.* — Bazaine. *L'Armée du Rhin.* — Rolin. *La Guerre de l'Ouest.* — Vinoy. *Siège de Paris.* — La Roncière-le-Noury. *La Marine au siège de Paris.* — Aurelle de Paladines. *La Première armée de la Loire.* — Chanzy. *La Deuxième armée de la Loire.* — J. Favre. *Gouvernement de la défense nationale.* — Martin des Pallières. *Orléans.* — Yriarte. *Les Prussiens à Paris et le 18 Mars.* — Vinoy. *L'Armistice et la Commune.*

206. Historia Alexandri Magni regis Macedonie de preliis. (In fine :) *Impressa Argentine anno domini* 1486 ; in-fol. goth. de 37 ff. à 2 col., mar. brun, dos orné, comp. à froid, tr. dor. (*Chambolle-Duru*) 250 fr.

Bel exemplaire de cet incunable conservé dans une jolie reliure ornementée de fers à froid. (Voy. Hain, n° 779). Tous les débuts de chapitre sont rubriqués.

207. Hoffbauer. Paris à travers les âges. Aspects successifs des monuments et quartiers de Paris depuis le XIIIe siècle jusqu'à nos jours. Texte par Ed. Fournier, P. Lacroix, A. de Montaiglon, Bonnardot. J. Cousin, Franklin, V. Dufour. *Paris, Firmin-Didot,* 1875 ; 14 livraisons in-fol. en cartons. 140 fr.

Ouvrage d'une grande érudition, reconstituant avec la plus rigoureuse exactitude l'aspect des anciens quartiers et monuments de Paris.

208. Holbein. Œuvre de Jean Holbein ou Recueil de gravures d'après les plus beaux ouvrages de ce fameux peintre, publié par Chrétien de Mechel. *Basle, Guillaume Haas,* 1780-1795 ; 4 parties en un vol. pet. in-fol., demi-rel. chagrin brun, tr. jasp. 100 fr.

La Danse des morts. — La Passion de Notre Seigneur. — Costumes d'hommes et de femmes du XVIe siècle. — Portraits.

209. Holbein. Le Triomphe de la Mort, gravé d'après les dessins originaux de Holbein, par Chrétien de Méchel, graveur à Bale. 1780. (*Paris, Raçon*); pet. in-8 carré, mar. vert jans., tr. dor. (*David*). 60 fr.

Frontispice, 46 planches et grand cul-de-lampe gravés sur cuivre.
Bel exemplaire avec les figures en ancien tirage.

210. Hollande. Lettres sur la Hollande. 1806-1807. *S. l. (Amsterdam, Maaskamp)*; 2 tomes en un vol. pet. in-8, demi-rel. mar. vert, dos orné. 40 fr.

Ouvrage sans titres, signé des initiales

T. T. Q. B. N., illustré de 37 jolies figures (la 1re manque) gravées à l'aqua-tinte représentant des costumes coloriés et des vues du pays.

211. Homeri Ilias, cum M. Æmili Porti latina ad verbum interpretatione. *Per Johan Vignon,* 1609 ; in-16, vélin. 10 fr.

Texte grec avec traduction latine en regard.

212. Horace. Quinti Horatii Flacci Opera. *Londini, Æneis tabulis incidit Johannes Pine,* 1733-1737 ; 2 tomes en un vol. in-8, mar. rouge, dos orné, fil., tr. dor. (*Derôme*) 1.500 fr.

Magnifique édition entièrement gravée et ornée de 2 frontispices, 2 fleurons et 225 figures, vignettes, culs-de-lampe, et de nombreux en-têtes ou cartouches.
Bel exemplaire réglé du premier tirage, dans une riche reliure de Derôme.
Aux armes de Perrinet, seigneur du Pezeau.

213. Horace. Q. Horatii Flacci Carmina expurgata. Cum adnotationibus ac perpetuâ interpretatione Josephi Juvencii. *Parisiis, J. Barbou,* 1754 ; 3 vol. in-12, front., mar. rouge, dos orné, fil., tr. dor. (*Rel. anc.*). 100 fr.

Bel exemplaire aux armes royales.

214. Horace. Quintus Horatius Flaccus. *Parisiis, ex. Petr. Didot natu major,* 1799 ; in-fol., demi-rel. dos et coins de mar. rouge, dos orné, *non rogné.* 100 fr.

Très belle édition, ornée de 12 charmantes vignettes dessinées par *Percier*. Elle a été tirée à 250 exemplaires. L'un des 100 exemplaires avec les épreuves avant la lettre.

215. Horas (Las) de Nuestra Señora segun el uso romano : en las quales son añadidas muchas oraciones muy devotas. Y de nuevo el rosario de nuestra señora. *En Lyon, por Guilielmo Rovillio,* 1551 ; in-8, mar. rouge jans., tr. dor. (*Masson-Debonnelle*). 400 fr.

Ces heures imprimées à Lyon, par Mathias Bonhomme en caractères rouges et noir, sont encadrés par des bordures variées dont plusieurs sont signées des initales P. V.; ils sont formés de cariatides et d'enroulements aussi riches que variés, qui se retrouvent dans les Emblèmes d'Alciat publiés à la même époque. Les 16 grandes figures qui complètent l'ornementation de ce beau volume ont été certainement exécutées par l'un des artistes attitrés de la célèbre officine lyonnaise, par *Jean Moni.*
Bel exemplaire.

216. Horus Apollo. Horapollinis Hieroglyphica græce et latine, cum integris observationibus et notis J. Merceri et David Hoeschelii, et selectis Nicolai Caussini. Curante Joanne Cornelio de Pauw. *Trajecti ad Rhenum, Melch. Leonar. Charlois*, 1727; in-4, mar. rouge à grains longs, fil., tr. dor. 40 fr.

Exemplaire tiré sur GRAND PAPIER.

217. Hugo (Victor). L'Année terrible. *Paris, Michel Lévy*, 1874 ; gr. in-8, demi-rel. dos et coins de mar. rouge, dos orné, tête dor., *non rogné (Pouillet)*. 25 fr.

Illustrations de *L. Flameng* et de *Daniel Vierge*. L'un des 100 exemplaires sur PAPIER VÉLIN numéroté. Couverture conservée.

218. Hugo (Victor). Les Feuilles d'Automne, par Victor Hugo. *Paris, Eugène Renduel*, 1832 ; in-8, demi-rel. mar. rouge, *non rog.* 40 fr.

ÉDITION ORIGINALE, avec frontispice de *Tony Johannot*, gravé sur bois par *Porret*.

219. Hugo (Victor). Les Orientales. *Paris, Ch. Gosselin*, 1829 ; in-8, demi-rel., éb. 100 fr.

ÉDITION ORIGINALE, ornée d'une figure sur Chine, gravée par *C. Cousin*.

220. Hugo (Victor). Ruy Blas, drame en cinq actes. *Paris, Conquet*, 1889 ; gr. in-8, *broché*. 90 fr.

Très belle édition. Exemplaire sur PAPIER DU JAPON, contenant 12 eaux-fortes d'*Adrien Moreau* en deux états : avec et AVANT LA LETTRE.

221. Hurtado de Mendoza. La Vie et les avantures de Lazarille de Tormes, écrites par lui-même. *Brusselles, George de Backer*, 1792 ; 2 tomes en un vol. in-12, veau. 10 fr.

Portrait et figures par *Harrewyn*.
A la suite on a relié : De l'indécence aux hommes d'accoucher les femmes, et de l'obligation aux femmes de nourrir leurs enfans (par Philippe Hecquet). *Trévoux et Paris, J. Étienne*, 1708.

222. Iconographie des Contemporains depuis 1789 jusqu'à 1829. *Paris, Delpech*, 1833 ; 2 vol. in-4, demi-rel. mar. rouge, éb. 50 fr.

202 portraits lithographiés de personnages célèbres de la Révolution, de l'Empire et de la Restauration.

223. Illustration (l') nouvelle, par une société de peintres graveurs à l'eau-forte, de l'origine 1868 à 1880.

Paris, Cadard ; in-fol., *en feuilles* dans 6 cartons. 250 fr.

553 eaux-fortes.

224. Imitation (De l') de Jésus-Christ. Traduction nouvelle par le sieur de Breuil, prieur de Saint-Val. Nouvelle édition. *Paris, Guill. Desprez*, 1750 ; in-8, fig. mar. brun, dos orné, dent., tr. dor. (*Rel. anc.*). 30 fr.

Figures en taille-douce.

225. Imitation (L') de Jésus-Christ (traduite par Michel de Marillac). *Paris, Curmer*, 1856-1858 ; 2 vol. in-4, mar. rouge, dos orné, comp. semés de mouchetures d'hermine, milieux de mar. noir au monogramme du Sauveur, tabis, tr. rouge semée de croix pattées (*Rel. de l'éditeur*). 220 fr.

Très belle et très artistique édition, réputée par les splendides reproductions en chromolithographie des plus beaux spécimens de l'art de l'enluminure, choisis parmi les manuscrits de toutes les écoles et de toutes les époques.
Le second volume est consacré à une *Notice* de Jules Janin sur l'Imitation ; aux *Auteurs présumés de l'Imitation*, par l'abbé Delaunay ; à l'*Histoire de l'ornementation des manuscrits*, par Ferd. Denis, etc.

226. Janin. Voyage en Italie. *Paris, E. Bourdin*, 1839 ; gr. in-8, cart. toile. 10 fr.

ÉDITION ORIGINALE.

227. Jardin des Plantes (le). Description complète, historique et pittoresque du Museum d'histoire naturelle, de la Ménagerie, des serres, des galeries de minéralogie et d'anatomie, et de la vallée suisse. Par MM. P. Bernard, L. Couailhac, Gervais et Emm. Lemaout. *Paris, Curmer*, 1842 ; 2 vol. gr. in-8, demi-rel. chagrin bleu, tr. dor. 30 fr.

Nombreuses illustrations dans le texte et hors texte, dont plusieurs sont coloriées.

228. Jaume Saint-Hilaire. Plantes de la France, décrites et peintes d'après nature, par Jaume Saint-Hilaire. *Paris, l'auteur*, 1808-1809 ; 4 vol. in-4, veau racine, dos orné, dent., tr. marb. 150 fr.

400 planches coloriées.

229. Jaume Saint-Hilaire. Traité des arbrisseaux et des arbustes cultivés en pleine terre. *Paris, l'auteur*, 1825 ; 2 vol. in-4, demi-rel.

Et de Livres anciens et modernes

dos et coins de mar. vert, dos orné,
non rognés.   100 fr.

> 176 planches gravées en taille-douce et finement coloriées à l'aquarelle.
> Bel exemplaire.

230. Jeannin. Les Negotiations de M. le président Jeannin. *Jouxte la copie de Paris, chez Pierre le Petit (Amsterdam)*, 1659 ; 2 vol. pet. in-12, portr., mar. rouge, dos orné, fil., tr. dor. (*Capé*).   70 fr.

> Bel exemplaire de cette édition, pouvant se joindre aux livres imprimés par les Elzevier.

231. Jeannin. Négociations diplomatiques et politiques du président Jeannin, Ambassadeur et Ministre de France, sous François Ier, Henri IV et Louis XIII inclusivement. *Paris, Petit*, 1810 ; 3 vol. in-8, mar. rouge, dos orné, dent., tr. dor. (*Rel. anc.*).   60 fr.

> Bel exemplaire aux armes de FERDINAND VII, roi d'Espagne, dans une jolie reliure genre Bozérian.

232. Jeaurat. Traité de perspective à l'usage des artistes. *Paris, Jombert*, 1750 ; in-4, fig., veau marbré.   20 fr.

> Edition la plus complète sous cette date, ornée de jolis culs-de-lampe par *Babel* et 110 planches sur cuivre.

233. Jeu. ESTAMPES POUR SERVIR A LA RÉCRÉATION DE L'ESPRIT sous la forme du jeu royal de l'Oye, renouvelé des Grecs, pour l'éducation des jeunes gens de l'un et de l'autre sexe. *Lesquelles se trouvent à Paris, chez Crépy, rue St Jacques, à St Pierre. A. P. D. R., s. d.* ; in-fol., contenant 1 titre, un *Avis* gravé et 27 planches, le tout colorié, en un vol. in-fol., mar. rouge, dos orné, fil. (*Rel. anc.*)   1.400 fr.

> Ce volume, aux armes de LOUIS XIV, est renfermé dans une boîte en bois peinte. Dans l'intérieur de cette boîte se trouvent peintes les armes du *Grand Dauphin* et à l'extérieur celles de *Louis XIV*. Le volume et sa boîte sont contenus dans un étui-boîte moderne ayant la forme d'un livre, couvert de mar. rouge, avec larges dentelles, clous et serrures.
> Les armes de France ont été frappées en or sur les plats et sur le dos se trouve le titre suivant : *Jeux d'oie des Enfants de France.*
> Très curieux ensemble.

234. Jeu (Le) du Trictrac, avec les jeux du revertier, du toute-table, du tourne-case, des dames raba-

tues, du plain et du toc. Seconde édition. *Paris, H. Charpentier*, 1701 ; in-12, veau.   3 fr.

235. Joinville. L'Histoire et Cronique du tres-chrestien roy S. Loys, IX du nom, et XLIIII. Roy de France. Escritte par feu messire Jan, Sire, Seigneur de Joinville et Sénéchal de Champagne, familier et contemporain dudit S. Loys. Et maintenant mise en lumière par Antoine Pierre de Rieus. *Poitiers, Enguilbert de Marnef, s. d. (1547)* ; in-4, mar. rouge, dos fleurdelisé, tr. dor. (*Trautz-Bauzonnet*). 300 fr.

> ÉDITION ORIGINALE, rare.
> Bel exemplaire auquel on a ajouté un portrait de saint Louis, gravé au XVIe siècle.

236. Joinville (Jean, sire de). L'Histoire de saint Louis, le Credo et la lettre à Louis X, avec un texte rapproché du français moderne, mis en regard du texte original par Natalis de Wailly. *Paris, Adr. Le Clerc*, 1867 ; in-8, br.   12 fr.

> Frontispice en chromolithographie.

237. Julien (l'Empereur). Œuvres complètes de l'empereur Julien, traduites, pour la première fois, du grec en français, accompagnées d'arguments et de notes par R. Tourlet *Paris*, 1821 ; 3 vol. in-8, demi-rel. bas., dos orné.   10 fr.

238. Julyot (Ferry). Les Elégies de la belle fille lamentant sa virginité perdue. Avec une introduction et des notes par E. Courbet. *Paris, Alph. Lemerre*, 1868 ; in-12, br.   12 fr.

> Rare.

239. Julyot (Ferry). Les Elégies de la belle fille lamentant sa virginité perdue. Réimpression complète publiée d'après l'édition originale de 1557, avec notice, éclaircissements et index. *Paris, L. Willem*, 1873 ; in-8, mar. fauve, dos orné, fil., tête dor., *non rogné (Courmont)*.   50 fr.

> Un des 25 exemplaires sur PAPIER DE CHINE.

240. Justification des Lettres patentes de Louis XIV données à Versailles au mois de mars 1713 et registrées au Parlement le 15 du même mois qui déclarent Philippe V, roy d'Espagne et ses descendants exclus de la couronne de France.

Achat de Bibliothèques

Ms. in-fol., mar. vert, dos orné, dent., doublé de mar. rouge, dent., tr. dor. (*Rel. anc.*).   150 fr.

Manuscrit exécuté vers 1716, comprenant un titre et 53 pages d'une belle et bonne écriture bâtarde. Il renferme une étude sur les prétentions que formula Philippe V à la couronne de France lors de la mort de Louis XIV.

241. Juvénal des Ursins. Histoire de Charles VI, roy de France, et des choses mémorables advenues de son règne, dès l'an 1380 jusques en l'an 1422, par Messire Jean Juvénal des Ursins, archevesque de Reims, mise en lumière par Théodore Godefroy. *Paris, Abraham Pacard*, 1614 ; in-4, vélin.   20 fr.

EDITION ORIGINALE. Exemplaire portant la signature d'Auguste Vitu.

242. Keepsake (The). *London, Longmann*, 1838-1848 ; 8 vol. in-8, cart. toile.   80 fr.

Collection, dans son cartonnage original, comprenant les années 1838, 1840 à 1845 et 1848: illustrée de nombreuses et jolies planches gravées en taille-douce.

243. Keepsake. De l'Art en province, illustré de gravures anglaises. *Moulins, Desrosiers*, 1840-1841 ; 2 vol. in-8, velours vert et rosé frappé, tr. dor.   20 fr.

Gravures sur acier et au trait. Joli encadrement du texte.

244. Keepsake (Nouveau) français. Souvenir de littérature contemporaine. *Paris, Louis Janet, s. d.* (1835) ; in-18, cart. soie bleue, tr. dor., étui.   20 fr.

8 gravures sur acier.

245. Kellerhoven. La Légende de sainte Ursule, princesse britannique, et de ses onze mille vierges, d'après les tableaux de l'église Sainte-Ursule à Cologne, publiée par F. Kellerhoven. Texte par J.-B. Dutron. *Paris, A. Lévy*, 1875 ; in-4, *broché*.   45 fr.

Bel ouvrage orné de 21 chromolithographies et de bordures sur bois à l'imitation des anciens manuscrits.

246. Kolbe (Pierre). Description du cap de Bonne-Espérance ; où l'on trouve tout ce qui concerne l'histoire naturelle du pays ; la religion, les mœurs et les usages des Hottentots ; et l'établissement des Hollandois. *Amsterdam, Jean Catuffe*, 1791; 3 vol. in-12, veau. 25 fr.

Nombreuses figures en taille-douce. Le pays décrit est occupé aujourd'hui en partie par les Boers.

247. Kysel. Icones Bibliæ veteris et novi Testamenti, proprio æri incisæ et venales expositæ a Melchiore Kysel, augustano. *Augustæ Vendelicorum*, 1679 ; in-4, pl., cuir de Russie, dos orné, comp. à froid, tr. dor. (*Thompson*).   80 fr.

Ce recueil comprend 5 parties distinctes dont voici le détail : 1. Frontispice et titre pour l'Ancien Testament, 2 ff. d'avertissement et 51 planches. — 2. Titre et 50 planches. — 3. Titre, 51 planches et un f. — 4. Frontispice et titre pour le Nouveau Testament, 47 planches. — 5. Titre, 42 planches et 1 f. — Ensemble 241 planches.
Très bel exemplaire.

248. Labarte (Jules). Histoire des Arts industriels au Moyen-Age et à l'époque de la Renaissance. *Paris, A. Morel*, 1864-1866 ; 4 vol. in-8 de texte et 2 vol. in-4 de planches, demi-rel. dos et coins de mar. rouge, tête dor., *non rognés*.   300 fr.

Très bel exemplaire de la PREMIÈRE ÉDITION de cet excellent ouvrage, orné de 150 planches en noir et en chromolithographie.

249. Labarte. Histoire des Arts industriels au Moyen-Age et à l'époque de la Renaissance, par Jules Labarte. Deuxième édition. *Paris, Vve A. Morel et Cie*, 1872-1875 ; 3 vol. gr. in-4, fig., demi-rel. dos et coins de mar. rouge, tête dor., éb.   175 fr.

Ouvrage orné de planches en chromolithographie, en lithophotographie sur *Chine*, et de vignettes sur bois intercalées dans le texte.

250. Le même. *Paris, Vve Morel*, 1872-1875 ; 3 vol. in-4, fig., *brochés*.   140 fr.

251. Labbe. Pharus Galliæ antiquæ. Ex Cæsare, Hirtio, Strabone, Plinio, Ptolomæo, itinerariis notitiis, etc. Auctore P. Philip. Labbe biturgio. *Molinis, P. Vernoy*, 1644 ; pet. in-12, vélin.   4 fr.

252. Labé (Louise). Œuvres de Louise Charly, lyonnoise, dite Labé, surnommée la belle Cordiere. *Lyon, les frères Duplain*, 1762 ; in-12, mar. bleu jans., tr. dor. (*Thivet*).   50 fr.

Frontispice et vignettes gravés en taille-douce par *Daullé* d'après *Nonnotte*.

Et de Livres anciens et modernes

Bel exemplaire, vendu 71 fr. à la vente GUY-PELLION.

253. Labé (Louise). Euvres de Louise Labé, lionnoise, surnommée la belle Cordière. *Brest, impr. de Michel*, 1815; in-8, cart., *non rogné*.   10 fr.

254. Labé (Louise). Œuvres de Louize Labé, lionnoize. *Lion, Durand et Perrin*, 1824; in-8, demi-rel. dos et coins de mar. Lavallière, tête dor., *non rogné*.   12 fr.

Exemplaire portant sur le faux-titre, le cachet de la bibliothèque de Louis-Philippe-Ferdinand, duc d'Orléans.

255. Labé (Louise). Œuvres de Louïse Labé lionnoize. *Paris, S. Raçon*, 1853; in-8, mar. bleu, dos orné, milieu, tr. dor. (*Trautz-Bauzonnet*).   60 fr.

Edition, publiée par L. Cailhava et J.-B. Montfalcon, tirée à 120 exemplaires.

256. Labé (Louise). Euvres de Louïze Labe lionnoize. *Lyon, Scheuring* (*impr. L. Perrin*), 1862; in-8, demi-rel. dos et coins de mar. bleu, dos orné, tête dor., *non rogné* (*Allô*).   12 fr.

Edition tirée à 209 exemplaires sur PAPIER VERGÉ.

257. La Boëssière. Traité de l'Art des Armes, à l'usage des professeurs et des amateurs. *Paris, impr. de Didot*, 1818; in-8, demi-rel. veau.   20 fr.

20 belles planches sur cuivre gravées par *Adam*.

258. La Borderie, J. Daniel, Perquis et **Tempier**. Monuments originaux de l'Histoire de Saint Yves, publiés pour la première fois. *Saint-Brieuc, impr. Prud'homme*, 1887; gr. in-4, fig., br.   60 fr.

Belle publication tirée à 75 exemplaires sur GRAND PAPIER DE HOLLANDE pour les souscripteurs seuls.

259. La Bruyère. Les Caractères de Théophraste traduits du grec : avec les Caractères ou les mœurs de ce siècle. Sixième édition. *Paris, Estienne Michallet*, 1691; in-12, veau (*Rel. anc.*)   20 fr.

SIXIÈME ÉDITION ORIGINALE renfermant 77 caractères nouveaux publiés pour la première fois. Haut. 161 mm.

260. Labyrinte de Versailles. *Paris, impr. royale*, 1679; in-8, veau granit (*Rel. anc.*)   70 fr.

41 planches de *Sébastien Leclerc*, gravées sur cuivre, accompagnées de fables en vers par Benserade et d'une explication des figures du Labyrinte, tirées des fables d'Esope, par Charles Perrault.

261. La Chenaye-Desbois et Badier. Dictionnaire de la Noblesse, contenant les généalogies, l'histoire et la chronologie des familles nobles de la France, l'explication de leurs armes et l'état des grandes terres du royaume, etc. Troisième édition entièrement refondue, réimprimée conformément au texte des auteurs. *Paris, Schlesinger*, 1863-1876; 19 vol. in-4 en 39 fascicules brochés.   275 fr.

Rare.

262. Laclos (Choderlos de). Les Liaisons dangereuses. Lettres recueillies dans une société et publiées pour l'instruction de quelques autres par C*** de L***. *Londres (Paris)*, 1796; 2 vol. in-8, veau marbr., dos orné, fil. (*Rel. anc.*)   75 fr.

PREMIÈRE ÉDITION sous cette date, illustrée de 15 figures de *Monnet* et de Mme Gérard.
Quelques taches.

263. Lacombe. Dictionnaire portatif des Beaux-Arts, ou abrégé de ce qui concerne l'architecture, la sculpture, la peinture, la gravure, la poésie et la musique. Nouvelle édition. *Paris, Hérissant*, 1759; in-8, veau.   4 fr.

264. La Faye. Recherches sur la préparation que les romains donnoient à la chaux dont ils se servoient pour leurs constructions, et sur la composition et l'emploi de leurs mortiers. *Paris, impr. royale*, 1777; in-8, veau fauve, dos orné, fil., tr. dor. (*Rel. anc.*)   10 fr.

Exemplaire aux armes de Jean-Frédéric Phélypeaux, comte de MAUREPAS, ministre d'Etat.

265. La Fayette (Mme de). Histoire de Madame Henriette d'Angleterre, première femme de Philippe de France, duc d'Orléans, par Dame Marie de La Vergne, comtesse de La Fayette. *Amsterdam, Le Cène*, 1720; pet. in-8, mar. orange, tr. dor. (*Trautz-Bauzonnet*, 1860).   100 fr.

ÉDITION ORIGINALE.

Achat de Bibliothèques

266. La Fayette (Mme de). Mémoires de la Cour de France, pour les années 1688 et 1689 par Madame la Comtesse de Lafayette. *Amsterdam, Jean-Frédéric Bernard*, 1731 ; pet. in-8, mar. orange, tr. dor. (*Trautz-Bauzonnet*).   100 fr.

ÉDITION ORIGINALE.

267. La Fayette (Mme de). Zayde, histoire espagnole, par Monsieur de Segrais (Mme de Lafayette). Avec un traitté de l'origine des romans, par Monsieur Huet. *Paris, Claude Barbin*, 1670-1671 ; 2 vol. in-8, mar. Lavallière, dos orné, fil., tr. dor. (*Hardy-Mennil*).   225 fr.

ÉDITION ORIGINALE. Superbe exemplaire grand de marges ; le deuxième volume est rempli de témoins, il n'a pas été imprimé sur la même justification que le tome Ier. Celui-ci mesure 168 mm. ; le second 161 mm.

268. La Fontaine. Les Amours de Psyché et de Cupidon, avec le poème d'Adonis. *Paris, Saugrain et Didot*, 1797 ; 2 vol. in-12, demi-rel. dos et coins de mar. rouge, dos orné, tête dor., *non rognés* (*Allô*). 65 fr.

Edition ornée de figures par *Moreau le jeune* et gravées sous sa direction par *Dambrun, Duhamel, Dupréel, de Gendt, Halbou, Petit* et *Simmonet*.

269. La Fontaine. Contes et nouvelles en vers par Jean de la Fontaine. *S. l.* (*Paris*), 1777 ; 2 vol. in-8, veau, dos orné, dent., tr. marbr. (*Lesné*).   120 fr.

Edition faite à l'imitation de celle des Fermiers généraux ; elle est illustrée de 2 frontispices de *Vidal*, de 2 fleurons de titre, du portrait de La Fontaine gravé par *Macret*, de 43 culs-de-lampe et de 80 figures d'après celles d'*Eisen*. Bel exemplaire.

270. La Fontaine. Contes et nouvelles en vers, par Jean de la Fontaine. *Paris, impr. de P. Didot l'aîné*, 1795 ; 2 vol. pet. in-12, mar. rouge, dos orné, comp. de fil., tabis, tr. dor. (*Bozérian*).   50 fr.

Jolie petite édition ornée du portrait de l'auteur sur les titres des volumes.

271. La Fontaine. Contes et Nouvelles en vers par J. de La Fontaine. *A Londres* (*Cazin*), 1780 ; 2 vol. in-12, fig., veau, dos orné, fil., tr. dor. (*Rel. anc.*)   120 fr.

Portrait de La Fontaine et 24 jolies figures de *Desrais*. Bel exemplaire.

272. La Fontaine. Fables de La Fontaine, avec de nouvelles gravures exécutées en relief. *Paris, Ant.-Aug. Renouard*, 1811 ; 2 vol. in-12, demi-rel. veau bleu, *non rognés*.   12 fr.

Edition imprimée avec beaucoup de soin. Elle est illustrée de curieuses vignettes sur bois dues au burin de *Duplat*, qui obtint alors un brevet de 15 années pour les perfectionnements qu'il avait apportés dans son art.

273. La Guérinière. Ecole de Cavalerie, contenant la connoissance, l'instruction et la conservation du Cheval. *Paris, par la compagnie*, 1754 ; 2 vol. in-8, veau marbr. 18 fr.

Portrait gravé par *Thomassin*, et planches dessinées et gravées par *Parrocel*.

274. La Harpe. Tangu et Félime, poème en 4 chants. *Paris, Pissot*, 1780 ; pet. in-8, veau marbré, dos orné.   45 fr.

Titre gravé et 4 très jolies figures par *Marillier*, gravées par *Dambrun, de Ghendt, Halbou* et *Ponce*.

275. Lainé. Archives généalogiques et historiques de la Noblesse de France, publiées par M. Lainé. *Paris*, 1828-1850 ; 11 vol. in-8, demi-rel. chagr. brun.   280 fr.

Ouvrage très rare, complétant le La Chesnaye-Desbois, et renfermant de nombreux blasons gravés en taille-douce. Bel exemplaire.

276. La Loupe (Vincent de). Premier et second (et tiers) Livre des Dignitez, Magistrats et Offices du Royaume de France. Ausquels est de nouveau adjousté le tiers livre de ceste matière, outre la reveue et augmentation diceux. *Paris, Guill. le Noir*, 1556 ; 3 parties en un vol. pet. in-8, mar. rouge jans., tr. dor. (*Masson-Debonnelle*).   30 fr.

277. Lamartine. Jocelyn. Episode. Journal trouvé chez un curé de village. *Paris, Pagnerre, Hachette, Furne*, 1861 ; in-16, mar. bleu, dos orné, fil., tabis, tr. dor. (*R. Petit*).   20 fr.

Charmante édition d'une exécution typographique parfaite.

278. Lamartine. Méditations poétiques. — Nouvelles méditations poétiques. Nouvelle édition augmentée de diverses épitres inédites. *Paris, Gagniard*, 1830 ; 2 vol. in-12, titres gravés, br.   8 fr.

Figures de *Desenne*.

Et de Livres anciens et modernes

279. **Lamartine**. Œuvres complètes, publiées et inédites. *Paris, chez l'auteur*, 1862 ; 41 vol. in-8, demi-rel. mar. vert, tête dor., *non rognés*. 250 fr.

Bel exemplaire.

280. **La Motte** (Houdart de). Fables nouvelles dédiées au roy. Par M. de la Motte. Avec un discours sur la fable. *Paris, Dupuis*, 1719 ; in-4, veau marbré, dos orné (*Rel. anc.*) 40 fr.

Charmantes figures à mi-page gravées en taille-douce d'après *Gillot, Coypel* et *Picart*. Bonnes épreuves.

281. **La Rochefoucauld** (Sosthènes, duc de). Mémoires de M. de la Rochefoucauld, duc de Doudeauville. *Paris, Michel Lévy*, 1861-1864 ; 14 vol. in-8, demi-rel. veau fauve, *non rognés*. 100 fr.

Mémoires intéressants sur la Révolution, l'Empire, la Restauration et le règne de Louis-Philippe.

Tomes I à XIV. Exemplaire en GRAND PAPIER VERGÉ, entièrement non rogné.

282. **La Rue** (l'abbé de). Essais historiques sur les bardes, les jongleurs et les trouvères normands et anglo-normands. *Caen, Mancel*, 1834 ; 3 vol. gr. in-8, cart., *non rognés*. 60 fr.

Exemplaire en GRAND PAPIER VÉLIN.

283. **La Sablière**. Madrigaux de Monsieur de la Sablière. Nouvelle édition. *Paris, Duchesne*, 1758 ; in-16, cart., *non rogné*. 4 fr.

Texte dans un encadrement tiré en rouge.

284. **Las Cases** (Comte de). Mémorial de Sainte-Hélène, ou journal où se trouve consigné, jour par jour ce qu'a dit et fait Napoléon durant dix-huit mois. *Paris, l'auteur*, 1833 ; 8 vol. in-8, cart., *non rognés*. 50 fr.

ÉDITION ORIGINALE.

285. **Laujon**. Les A-propos de Société ou chansons de M. L***. (*Paris*), 1776 ; 2 vol. in-8. — Les A-propos de la folie ou chansons grotesques, grivoises et annonces de parade. (*Paris*), 1776 ; in-8. Ens. 3 vol. in-8, demi-rel. dos et coins de chagr. bleu, dos orné à la grotesque, tr. marbr. 75 fr.

Charmantes vignettes par *Moreau le jeune*.

286. **Lavallée** (J.). Voyage pittoresque et historique de l'Istrie et de la Dalmatie, rédigé d'après l'itinéraire de L.-F. Cassas, par Joseph Lavallée. *Paris*, 1802 ; in-fol., demi-rel. dos et coins de mar. rouge, *non rogné*. 50 fr.

Bel exemplaire. Frontispice et 65 planches.

287. **Le Baud** (Pierre). Histoire de Bretagne, avec les chroniques des maisons de Vitré et de Laval. Ensemble quelques autres traictez servans à la même histoire. Le tout nouvellement mis en lumière par le sieur d'Hozier. *Paris, Gervais Alliot*, 1638 ; in-fol., veau, dos orné (*Rel. anc.*) 100 fr.

Bon exemplaire.

288. **Lebreton** (Théodore). Biographie normande. Recueil de notices biographiques et bibliographiques sur les personnages célèbres nés en Normandie et sur ceux qui se sont seulement distingués par leurs écrits. *Rouen, A. Le Brument*, 1857-1861 ; 3 vol. in-8, demi-rel. chagr. brun, tête dor., *non rognés*. 40 fr.

Bel exemplaire d'un ouvrage sur PAPIER VERGÉ qui ne fut tiré qu'à 150 exemplaires. Envois autographes de l'auteur et de l'éditeur à Edouard Frère.

289. **Le Clerc** (Sébastien). Œuvres choisies de Sébastien le Clerc, dessinateur et graveur du cabinet du roi, contenant 239 estampes, dessinées et gravées par ce célèbre artiste, représentant des costumes, des fables, des paysages et autres objets intéressants. *Paris, Lamy*, 1784 ; in-4. — Batailles d'Alexandre-le-Grand, peintes par C. le Brun, dessinées et gravées par Sébastien le Clerc. *Paris, Lamy*, 1784 ; in-4. Ens. 2 tomes en un vol. in-4, demi-rel. bas. 70 fr.

Les figures du 1er volume sont tirées en bistre ; celles du second en noir. Belles épreuves. On y trouve, outre les costumes de l'époque de Louis XIV, la suite de 12 pièces : Vues de plusieurs petits endroits des faubourgs de Paris.

290. **Lecomte** (H.te). Costumes civils et militaires de la Monarchie française depuis 1200 jusqu'à 1820. *Paris, Delpech*, 1820 ; 4 vol. gr. in-4, demi-rel. 350 fr.

380 costumes lithographiés et coloriés.

Achat de Bibliothèques

291. Le Gallois. Traitté des plus belles bibliothèques de l'Europe. Des premiers livres qui ont été faits. De l'invention de l'Imprimerie, etc. *Suivant la copie à Paris, Est. Michallet (Hollande, Leyde ?),* 1685 ; pet. in-12, front., bas. 4 fr.

Haut. 130 mm.

292. Legouvé (Gabriel). Le Mérite des femmes, nouvelle édition augmentée de poésies inédites. *Paris, Louis Janet,* 1830 ; pet. in-12, veau gris, dos orné, plats à la cathédrale, tr. dor. 40 fr.

Figures de *Devéria.*— Exemplaire dans une jolie reliure romantique.

293. Legrand d'Aussy. Fabliaux ou contes, fables et romans du XIIe et du XIIIe siècle, traduits ou extraits par Legrand d'Aussy. *Paris, J. Renouard,* 1829 ; 5 vol. in-8, demi-rel. dos et coins de mar. violet, dos orné, tête dor., *non rognés (Capé)*. 50 fr.

18 figures par *Moreau* et *Desenne.* — Mouillures.

294. Lehmann (Henri). Galerie des fêtes de l'Hôtel-de-Ville de Paris. Peintures murales exécutées en 1853 et gravées par Levasseur, Dubouchet, Danguin et Morse. *Paris, Dusacq, s. d.;* in-plano, *en feuilles.* 35 fr.

28 planches avec titre et table. Cette série d'estampe donne la décoration de la salle des fêtes détruite par l'incendie de 1871.

295. Lemoyne (André). Œuvres de André Lemoyne. *Paris, Alphonse Lemerre,* 1871-1886 ; 4 vol. pet. in-12, portr., br. 40 fr.

Poésies. 3 vol. — Une Idylle normande ; le Moulin des Prés ; Alise d'Evran. L'un des 20 exemplaires sur PAPIER DE CHINE.

296. Lenglet-Dufresnoy (abbé). Histoire de Jeanne d'Arc, vierge, héroïne et martyre d'Etat. *Paris, Coutellier,* 1753 ; 2 vol. in-12, veau, dos orné *(Rel. anc.)*. 10 fr.

Portrait ajouté.

297. Lenglet du Fresnoy. Histoire de Jeanne d'Arc, dite la Pucelle d'Orléans. *Amsterdam, par la Compagnie,* 1775 ; 3 tomes en un vol. in-12, portr., mar. rouge jans., tr. dor. *(David)*. 60 fr.

Bel exemplaire.

298. Lens (André). Le Costume, ou essai sur les habillements et les usages de plusieurs peuples de l'antiquité, prouvé par les monuments. *Liège, J.-Fr. Bassompierre,* 1776 ; gr. in-8, bas. 25 fr.

51 planches gravées en taille-douce.

299. Le Roux de Lincy. Recherches sur Jean Grolier. *Paris, Potier,* 1866 ; gr. in-8 et atlas, *brochés.* 12 fr.

Ouvrage le plus complet qui ait été publié sur le célèbre bibliophile lyonnais. Planches en couleur.

300. Le Sage. Histoire d'Estevanille Gonzalez, surnommé le garçon de bonne humeur. *Paris, Musier,* 1765 ; 4 parties en 2 vol. in-12, veau. 8 fr.

Cet ouvrage est une imitation en français du roman original écrit en espagnol et attribué à Vincent Espinel. Bel exemplaire.

301. Lettre d'un rat calotin, à Citron Barbet, au sujet de l'histoire des Chats (Par Fuzelier et l'abbé Guyot-Desfontaines). *A Ratopolis (Paris),* 1727 ; in-12, demi-rel. bas. 3 fr.

302. Lettres de Charlotte à Caroline son amie pendant ses liaisons avec Werther (traduites de l'anglais par David de Saint-George). *Paris, Dufart,* 1794 ; 2 tomes en un vol. in-12, 2 front., demi-rel. bas. 5 fr.

303. Lettres parisiennes sur le désir d'être heureux (par l'abbé Jacquin). *Amsterdam,* 1761 ; 2 parties en un vol. in-12, demi-rel. bas. 4 fr.

304. Le Vayer de Boutigny. Tarsis et Zélie. Nouvelle édition. *Paris, Musier,* 1774 ; 3 tomes en 6 vol. in-8, veau marbré. 60 fr.

3 frontispices, 3 fleurons de titres et 20 vignettes en-têtes dessinés par *Cochin, Moreau* et *Eisen,* gravés par *Gaucher, de Longueil, Masquelier, Née,* etc., en belles épreuves.

305. Livre d'heures (le) de la reine Anne de Bretagne. Traduit du latin et accompagné de notices inédites par M. l'abbé Delaunay. *Paris, L. Curmer,* 1841 ; gr. in-4, en 50 livraisons. 500 fr.

Très bel exemplaire, bien complet et en feuilles, de cette magnifique reproduction par la chromolithographie du célèbre manuscrit d'Anne de Bretagne, chef-d'œuvre de l'art du miniaturiste au début du XVIe siècle.

Et de Livres anciens et modernes

306. **Livre d'or** (Le) du Salon de peinture et de sculpture. Catalogue descriptif des œuvres récompensées et des principales œuvres hors concours. Rédigé par Georges Lafenestre. *Paris, Libr. des Bibliophiles*, 1879-1891 ; 13 vol. in-4, pl., demi-rel. mar. rouge, *non rognés*. 180 fr.

Très bel exemplaire sur PAPIER DE HOLLANDE, contenant 192 planches AVANT LA LETTRE, gravées à l'eau-forte par *Boilvin, Courtry, Duvivier, Flameng, Gaucherel,* etc., sous la direction de *Edmond Hédouin.*

Cette collection artistique, tirée à cent exemplaires seulement sur ce papier, est et restera un des plus intéressants documents sur les manifestations de l'art à la fin du XIXe siècle.

307. **Livre noir** (Le) de messieurs Delaveau et Franchet, ou répertoire alphabétique de la police politique sous le ministère déplorable, par M. Année. *Paris, Moutardier,* 1829 ; 4 vol. in-8, demi-rel. chagr. 35 fr.

308. **Longus.** Les Amours pastorales de Daphnis et Chloé. *S. l.* (*Paris, Coustelier*), 1731 ; in-12, veau marbr., dos orné, fil., tr. dor. (*Rel. anc.*) 25 fr.

Frontispice et 8 figures de *Scotin ;* 5 jolis en-tête, non signés.

309. **Longus.** Les Amours pastorales de Daphnis et de Chloé (traduit du grec de Longus, par Amyot). *S. l.* (*Paris, Quillau*), 1745 ; in-4, front. et fig., veau, fil., tr. dor. (*Rel. anc.*) 75 fr.

Magnifique exemplaire de toute fraîcheur, en GRAND PAPIER, tiré de format in-4.

Cette édition de 1745 est ornée de mêmes figures que celles qui parurent originairement dans l'édition de 1718, gravées par *Audran*, d'après les célèbres compositions du Régent *Philippe d'Orléans*, de 4 culs-de-lampe de *Cochin* et d'une nouvelle figure bien connue sous le titre de « figure aux petits pieds ».

310. **Lorris** et **de Meung.** Le Roman de la Rose. Edition faite sur celle de Lenglet Dufresnoy, corrigée avec soin et enrichie de dissertations par J.-B. Lantin de Damerey. *Paris, Fournier et F. Didot, an VII* (1799) ; 5 vol. in-8, cart., *non rognés*. 50 fr.

Portrait et figures de *Monnet.* — Bel exemplaire à toutes marges.

311. **Louandre.** Les Arts somptuaires. Histoire du Costume et de l'Ameublement et des arts et industries qui s'y rattachent ; sous la direction de Hangard-Maugé. Introduction et texte explicatif par Charles Louandre. *Paris, Hangard-Maugé,* 1857-1858 ; 2 vol. de texte et 2 vol. de pl. in-4, demi-rel. dos et coins de mar. rouge, tête dor., *non rognés.* 300 fr.

Les 300 planches de cet ouvrage, exécutées en chromolithographie, d'après les dessins de *Ciappori*, reproduisent, d'une manière aussi parfaite que rigoureuse, les documents les plus typiques des Arts, aux diverses époques de notre histoire. Les nombreux fac-similés de manuscrits enluminés offrent surtout un grand intérêt pour la manifestation de l'art du miniaturiste au moyen âge et à l'époque de la Renaissance.
Très bel exemplaire.

312. **Louvet de Couvray.** Les Amours du chevalier de Faublas, par Louvet de Couvray. Nouvelle édition. *Paris, A. Tardieu,* 1821 ; 4 vol. in-8, fig., veau, dos orné. 35 fr.
8 figures de *Collin.*

313. **Lucain.** La Pharsale de Lucain, traduite en vers français par Brébœuf ; accompagnée du texte conféré sur les meilleures éditions. Avec la vie des deux poètes par J. B. L. J. Billecocq. *Paris, impr. de Crapelet,* 1796 ; 2 vol. in-8, mar. rouge, dos orné, dent., tr. dor. (*Rel. anc.*) 25 fr.

10 figures par *Perrin*, gravées par *Dupréel, de Ghendt, Halbou, Pauquet, Romanet* et *Trière.*

314. **Luciani** Samosatensis dialogi aliquot. D. Erasmo Rot. et Thoma Moro interpretibus. *Apud Seb. Griphium Lugdini,* 1535 ; pet. in-8, bas. 30 fr.

Belle édition imprimée en caractères italiques.
Le titre porte la signature du célèbre *Claude Saumaize.*

315. **Lucrèce.** Della Natura delle Cose, libri sei. Tradotti dal latino in italiano da Alessandro Marchetti. *Amsterdamo (Paris),* 1754 ; 2 vol. in-8, fig., mar. rouge, dos orné, fil., tr. dor. (*Rel. anc.*) 250 fr.

Ouvrage illustré de 2 frontispices dessinés par *Eisen*, gravés par *Le Mire*, de 2 titres dessinés et gravés par les mêmes artistes, de 6 figures dessinées par *Cochin* et *Le Lorrain*, gravées par *Le Mire, Sornique, Aliamet, Tardieu*, de 7 en-têtes dessinés par *Cochin* et *Eisen*, gravés par *Le Mire, Chenu, Baquoy* et autres.
Bel exemplaire en GRAND PAPIER dans une très belle reliure.

316. Lupi. Epistolæ et vita divi Thomæ martyris et archiepiscopi Cantuariensis. Nec non epistolæ Alexandri III pontificis, Galliæ regis Ludovici septimi. Opera et studio F. Christiani Lupi, Iprensis. *Bruxellis, typ. E. H. Fricx*, 1682 ; 2 vol. in-4, mar. rouge, dos orné, fil. (*Rel. anc.*) 150 fr.

Exemplaire aux armes et au chiffre de J.-B. COLBERT.

317. Lusse (De). Recueil de Romances historiques, tendres et burlesques, tant anciennes que modernes, avec les airs notés. Par M. D. L.** (Lusse). *S. l. (Paris)* 1767-1774 ; 2 vol. in-8, veau. 10 fr.

Frontispice par *Eisen* gravé par *de Longueil*, et un fleuron sur le titre par *Eisen*.

318. Luthmer (Ferdinand). Joaillerie de la Renaissance, d'après des originaux et des tableaux du XVᵉ au XVIIᵉ siècle. *Paris, Quantin ;* petit in-fol. *en feuilles*, dans un carton. 40 fr.

Album contenant un texte illustré de gravures et 30 planches hors texte en taille-douce et en chromolithographie, reproduisant plus de 150 sujets. Publié à 100 fr.

319. Magasin pittoresque (le), fondé et publié par M. A. Lachevardière, rédigé sous la direction de MM. Euryale Cazeaux et Edouard Charton. *Paris*, 1833-1895 ; 63 vol. pet. in-4, fig., demi-rel. et br. 200 fr.

Collection de l'origine à 1895. Les années 1833 à 1867 sont en demi-rel. dos et coins de veau fauve, et les années suivantes *brochées*.
Manque l'année 1868.

320. Magny. Les Gayetez, les Souspirs et les Amours d'Olivier de Magny. Réimpression textuelle de l'édition de 1554 [1557 et 1553], par M. Prosper Blanchemain. *Turin, Gay*, 1869-1870 ; 3 tomes en un vol. in-8, demi-rel. dos et coins de mar. brun, dos orné à froid, tête dor., *non rogné (Champs)*. 30 fr.

Ces trois ouvrages n'ont été tirés chacun qu'à cent exemplaires sur PAPIER VÉLIN.

321. Maillard (Olivier). Novum diversorum sermonum opus hactenus non impressum reverendi patris Olivierii Maillardi. *Venundatur Parisii in domo Joannis Parvi* (1518). — Sequantur quattor Sermones comunes per adventum et consequenter dominicales sermones nondum impressi Rev. P. Fratris Oliverii Mallardi. *Parisiis, Joannis Parvi* (1518) ; in-8 goth., demi-rel. bas. 25 fr.

Olivier Maillard est célèbre par le ton extrêmement libre et burlesque qu'il employait dans ses sermons.
Le bas du titre du 1ᵉʳ volume a été enlevé.

322. Malherbe. Les Lettres de Messire François de Malherbe, gentilhomme ordinaire de la Chambre du Roy. *Paris, Antoine de Sommaville*, 1645 ; in-12, mar. rouge, tr. dor. (*Trautz-Bauzonnet*, 1859). 60 fr.

ÉDITION ORIGINALE, rare, de ces lettres, précédées de la traduction du vingt-troisième livre de Tite-Live.
Bel exemplaire.

323. Malherbe. Poésies de Malherbe rangées par ordre chronologique avec la vie de l'auteur et de courtes notes, par A. G. M. Q. (Meusnier de Querlon). *Paris, Barbou*, 1776 ; pet. in-8, veau, dos orné à la grotesque, dent., tr. dor. (*Rel. anc.*) 10 fr.

Bel exemplaire orné du portrait de l'auteur gravé par *Cathelin*.

324. Malleville. Poésies du sieur de Malleville. *Paris, Augustin Courbé*, 1640 ; in-4, mar. bleu, dos orné, fil., tr. dor. (*Capé*). 100 fr.

Très bel exemplaire de la PREMIÈRE ÉDITION.

325. Malté (Herman-François de). Les Nobles dans les tribunaux, traité de droit, enrichi de plusieurs curiosités utiles de l'histoire et du blazon, où les questions qui conviennent aux nobles sont successivement agitées et définies sur toutes les matières les plus importantes et les plus choisies, dans lesquelles l'escole et le barreau prennent des égards à la qualité du gentilhomme. *Liège, G.-H. Streel*, 1780 ; in-fol., demi-rel. veau. 25 fr.

Bon traité de droit nobiliaire.

326. Manuscrit. HEURES A L'USAGE D'UN DIOCÈSE D'ANGLETERRE. Pet. in-8 de 96 ff., mar. Lavallière, orn à froid, tr. dor. (*Capé*). 2.800 fr.

Joli et curieux manuscrit du commencement du XVIᵉ siècle, orné de TREIZE GRANDES MINIATURES et de neuf petites ainsi que de plusieurs riches bordures.
La première partie paraît avoir été écrite en Angleterre, et la seconde, qui est d'une

Et de Livres anciens et modernes

tout autre main, dans le Nord de la France ou sur les bords du Rhin. On relève, en effet, dans le calendrier, les mentions suivantes qui ne laissent aucun doute sur son origine anglaise : SS. Wlastani, Eduardi, Cuthberthi, Dunstani, Ricardi, etc. Toutes les lettres ornées que ce volume était susceptible de recevoir n'ont pas été faites ; en plus d'un endroit, à la fin de la première partie notamment, le texte n'a pas été achevé. Les miniatures sont finement exécutées ; elles présentent, par la façon dont les sujets sont traités, des différences assez sensibles avec celles qu'on trouve dans les livres d'heures d'origine française : 1. La Visitation. — 2. Jésus enfant et les instruments de la Passion portés par des anges. — 3. La Trinité. — 4. La Vierge et l'enfant Jésus. — 5. Jésus au jardin des Oliviers. — 6. Le Christ assis sur la Croix, les mains liées. — 7. Un prêtre à l'autel. — 8. Jésus en Croix. — 9. Jésus descendu de la Croix. — 10. S. Jean-Baptiste. — 11. S. Pierre. — 12 S. Jérôme. — 13. Sainte Anne et la Vierge. — On remarque au f. 59, dans une lettre ornée, les deux lettres P. et R. réunies par une cordelière, et au-dessus la devise : *Da vivere*, sur une banderole.

327. **Marais** (Mathieu). Journal et mémoires de Mathieu Marais, avocat au parlement de Paris sur la Régence et le règne de Louis XV (1715-1737). Publiés par M. de Lescure. *Paris, Firmin Didot*, 1863-68 ; 4 vol. in-8, demi-rel. chagr. 16 fr.

328. **Maréchal** (Sylvain). Dictionnaire des Athées anciens et modernes. Deuxième édition augmentée des supplémens de J. Lalande, de plusieurs articles inédits, et d'une notice nouvelle sur Maréchal et ses ouvrages par J. B. L. Germond. *Bruxelles*, 1833 ; in-8, br. 10 fr.

329. **Marguerite de Valois**. L'Heptameron des Nouvelles de Marguerite d'Angoulême, reine de Navarre. Nouvelle édition publiée sur les mss. par la Société des Bibliophiles françois. *Paris, Janet, Techener*, 1853-1854 ; 3 vol. in-8, brochés. 65 fr.

330. **Marie - Antoinette**. Livres du boudoir de la reine. Marie-Antoinette. Catalogue authentique et original publié pour la première fois par Louis Lacour. *Paris, Gay*, 1862 ; in-12, br., couv. 15 fr.

La publication de cet intéressant catalogue donna lieu à un procès retentissant intenté par l'administrateur de la bibliothèque impériale ; le jugement qui intervint fixa un point de droit de la propriété littéraire des établissements publics.

331. **Marot** (Clément). Œuvres de Clément Marot, revues sur plusieurs manuscrits et sur plus de quarante éditions ; avec les ouvrages de Jean Marot son père et ceux de Michel Marot son fils. *La Haye, Gosse et Neaulme*, 1731 ; 4 vol. in-4, portr., veau écaille, dos orné, fil. (*Rel. anc.*) 60 fr.

Belle et bonne édition donnée par Lenglet du Fresnoy.
Jolies vignettes en-tête ; texte encadré. Bel exemplaire.

332. **Mémoires** ou essai pour servir à l'histoire de F. M. le Tellier, marquis de Louvois. (Attribué à N. Chamlay ou à Saint-Pouanges). *Amsterdam, Le Cène*, 1740 ; pet. in-8, veau. 4 fr.

333. **Mercier** (Sébastien). L'An deux mille quatre cent quarante. Rêve s'il en fût jamais ; suivi de l'homme de fer, songe. Nouvelle édition. *S. l. (Paris)*, 1786 ; 3 vol. in-12, veau marbr. 10 fr.

3 jolies figures non signées.

334. **Meursii** (Joannis). Gracia ludibunda, sive de ludis græcorum, liber singularis. Accedit Danielis Souterii palamedes, sive de tabula lusoria, alea et variis ludis lib. III. *Lugd. Bat., ex off. Elzeviriana*, 1625 ; pet. in-8, vélin. 10 fr.

Nom gratté sur le titre.

335. **Meursii** filii (Joannis) Arboretum sacrum, sive de arborum, fructicum, et herbarum consecratione, proprietate, usa ac qualitate libri III. *Lugduni Batavorum, ex off. Elzeviriana*, 1642 ; pet. in-12, vélin. 5 fr.

Nom gratté sur le titre.

336. **Mézeray**. Histoire de France depuis Faramond jusqu'à maintenant (1598). Œuvre enrichie de plusieurs belles et rares antiquitez, et d'un abrégé de la vie de chaque règne, dont il ne s'estoit point parlé cy-devant, par F. E. du Mezeray. *Paris, Mathieu Guillemot*, 1643-1651 ; 3 vol. in-fol., mar. rouge, dos orné, fil., tr. dor. (*Rel. anc.*) 400 fr.

Très bel et très rare exemplaire de L'ÉDITION ORIGINALE, bien complet de toutes ses parties et conforme à la minutieuse description donnée par Brunet (III, 1694).

Achat de Bibliothèques

337. **Mézeray**. Histoire de France, depuis Faramond jusqu'à maintenant (1598). Œuvre enrichie de plusieurs belles et rares antiquitez, et d'un abregé de la vie de chaque reyne, dont il ne s'estoit presque point parlé cy-devant, par F. E. du Mezeray. *Paris, Mathieu Guillemot,* 1643-1651 ; 3 vol. in-fol., veau fauve, dos orné, fil. (*Rel. anc.*) 150 fr.

Bel exemplaire de L'ÉDITION ORIGINALE illustré de portraits de rois et reines de France et de nombreuses figures de médailles gravés en taille-douce. Il est conforme à la description donnée par Brunet (III, 1694), sauf que des 4 ff. du 3ᵉ volume (placés avant la p. 685) qui manquent presque toujours, il n'en existe que 2, celui du titre et celui renfermant le portrait de Henri IV.

338. **Molière**. Les Œuvres de Monsieur Molière. Nouvelle édition revue et corrigée. *La Haye, Adr. Moetjens,* 1704 ; 4 vol. pet. in-12, fig., vélin. 15 fr.

Légères déchirures à plusieurs feuillets.

339. **Molière**. Œuvres de Molière. Nouvelle édition. *A Paris (Prault),* 1734 ; 6 vol. in-4, veau granit. 350 fr.

Bel exemplaire orné du portrait de Molière par *Coypel* et de 33 figures par *Boucher* avec nombreuses vignettes et culs-de-lampe.

340. **Montemaior** (Georges de). La Diane, divisée en trois parties et traduites d'espagnol en françois. *Tours, Jamet Mettayer,* 1592 ; 3 parties en un vol. in-12, veau. 5 fr.

La première partie a été traduite par Collin, les deux autres par Gabriel Chappuys.

341. **Montesquieu**. Lettres persannes. *A Cologne, chez Pierre Marteau,* 1721 ; 2 tomes en un vol. in-12, veau. 10 fr.

Édition parue la même année que l'originale. — Le titre du 2ᵉ volume manque.

342. **Montesquieu**. Œuvres de M. de Montesquieu. Nouvelle édition revue, corrigée et considérablement augmentée par l'auteur. *Amsterdam et Leipsick, Arkstée et Merkus,* 1758 ; 3 vol. in-4, veau fauve, dos orné, fil. (*Rel. anc.*) 30 fr.

Bel exemplaire grand de marges.

343. **Montesquieu**. Le Temple de Gnide, revu, corrigé et augmenté.

Londres (Paris, Huart, 1742) ; in-8, veau. 6 fr.

Frontispice, titre gravé et 8 jolies vignettes en-têtes non signés.

344. **Nicole**. Instructions théologiques et morales sur les Sacrements par feu M. Nicole. Nouvelle édition. *Paris, Élie Josset,* 1708 ; 2 vol. in-12, réglés, mar. rouge, dos orné, fil., tr. dor. (*Rel. anc.*) 120 fr.

345. **Nougaret**. Anecdotes du règne de Louis XVI, recueillies et publiées par M. Nougaret. *Paris, Gueffier,* 1780 ; in-12, bas. 4 fr.

346. **Nouvelle Revue** (La). *Paris,* 1881-1890 ; 56 vol. gr. in-8, demi-rel. veau. 60 fr.

Collection comprenant depuis le tome XII (sept. 1881) jusqu'au tome LXVIII (décembre 1890).

347. **Olivier**. L'Art des armes simplifié, ou nouveau traité sur la manière de se servir de l'épée, enrichi de figures en taille-douce. Nouvelle édition, revue, corrigée et augmentée de plusieurs planches. *Londres, J. Bell,* 1780 ; in-8, veau fauve. 60 fr.

14 planches gravées en taille-douce par *Jenkins, Grignion, Blake, Goldar,* d'après *J. Roberts* et *Jenkins.* Texte anglais et français.

348. **Omniana**, ou extrait des archives de la société universelle des gobe-mouche, dédié à S. S. le président, fondateur et général en chef par C.-A. Moucheron, son premier aide de camp. *Paris, Marandan,* 1808 ; in-12, front., br. 3 fr.

Cet ouvrage est dû à la collaboration du comte Fortin de Pites et de Guys de Saint-Charles. Sur la société des gobe-mouches, voy. A. Dinaux. Les Sociétés badines et burlesques (Paris, 1866).

349. **Orléans** (famille d'). Panthéon des illustrations françaises au XIXᵉ siècle. Famille d'Orléans et notabilités du règne du roi Louis-Philippe par Victor Frond. Introduction par Jules Janin. *Paris, Abel Pilon, s. d.* (1873) ; gr. in-4, demi-rel. chagr. rouge, plats toile, tr. dor. 45 fr.

43 portraits lithographiés du roi, de la reine, des princes et princesses d'Orléans et des personnages les plus marquants du règne.

350. **Ossat**. Lettres du cardinal d'Ossat, avec des notes historiques

et politiques de M. Amelot de la Houssaye. *Amsterdam, Pierre Humbert*, 1732 ; 5 vol. in-12, mar. vert, dos orné, fil., tr. dor. (*Rel. anc.*)   300 fr.

Exemplaire aux armes de Mme VICTOIRE, fille de Louis XV.

351. **Outreman** (Henri d'). Histoire de la ville et du comté de Valentiennes, divisée en IV parties par feu Henri d'Outreman, seigneur de Rombies. Illustrée et augmentée par le R. P. d'Outreman. *Douay, Vve Marc Wyon*, 1639 ; gr. in-4, veau.   50 fr.

Livre rare orné du portrait de l'auteur et d'une carte du comté de Valenciennes. Légers raccommodages.

352. **Ovidii** (Pub.) Nasonis Heroïdum epistolæ. Guidonis Morilloni argumenta ac scholia. His accesserunt Joannis Baptistæ Egnatii observationes emendatæ. *Parisiis, Hier. de Marnef*, 1585 ; in-16, veau. 10 fr.

Figures sur bois dans le texte. Une partie de la marge du titre enlevée.

353. **Ovide.** Le Remède d'Amour, poème. Traduction nouvelle avec des notes par J. B. C. Grainville. *Paris*, 1797 ; pet. in-12, front., br.   4 fr.

354. **Owen Jones.** Grammaire de l'Ornement. Illustré d'exemples pris de divers styles d'ornement. *Londres, Day and son* (1865) ; gr. in-4, cart.   70 fr.

Belles planches en chromolithographie, donnant les types les plus caractéristiques des styles anciens et modernes.

355. **Pacini** (Eugène). La Marine, arsenaux, navires, équipages, navigation, atterrages, combats, par M. Eugène Pacini. Illustrations de M. Morel-Fatio. *Paris, L. Curmer*, 1844 ; gr. in-8, demi-rel. dos et coins de chagr. violet, *non rogné.*   25 fr.

Frontispice de *Beaucé*, 9 planches coloriées, 22 gravures sur acier et nombreuses vignettes sur bois dans le texte. Bel exemplaire.

356. **Papillon** (J.-M.). Traité historique et pratique de la Gravure en bois. Ouvrage enrichi des plus jolis morceaux de sa composition et de sa gravure. *Paris, P.-G. Simon*, 1766 ; 2 vol. in-8, demi-rel. bas. 30 fr.

Rare traité dû au rénovateur de la gravure sur bois au siècle dernier.

Curieuses planches en couleurs exécutées au moyen de bois successifs.

357. **Parnasse** (Le) réformé (par Guéret). Seconde édition revue, corrigée et augmentée. *Paris, Th. Jolly*, 1669 ; in-12, front., v. au. 4 fr.

358. **Parc** (Le) au Cerf, ou l'origine de l'affreux déficit par un zélé patriote. *A Paris, sur les débris de la Bastille*, 1790 ; in-8, cart. 20 fr.

Frontispice et 2 portraits.

359. **Paris.** Description de Paris et de ses Edifices, avec un précis historique et des observations sur le caractère de leur architecture, et sur les principaux objets d'art et de curiosité qu'ils renferment, par J.-G. Legrand et C.-P. Landon. *Paris, Landon*, 1806-1809 ; 2 tomes en un vol. in-8, demi-rel. mar. rouge, dos orné, *non rogné.* 30 fr.

100 planches en taille-douce gravées d'après *Landon*.

360. **Paris**, Versailles et les provinces au XVIIIe siècle. Anecdotes sur la vie privée de plusieurs ministres, évêques, magistrats, hommes de lettres et autres personnages connus sous les règnes de Louis XV et Louis XVI, par un ancien officier des gardes françaises (le marquis Dugast de Bois Saint-Just). *Paris, Gosselin*, 1823 ; 3 vol. in-8, demi-rel. veau, *non rognés.*   15 fr.

Ces anecdotes piquante sont été revues par Mély-Janin. Le 3e volume est en édition originale à la date de 1817.

361. **Pascal.** Pensées de M. Pascal sur la religion et quelques autres sujets. Qui ont esté trouvées après sa mort parmy ses papiers. *Paris, Guillaume Desprez*, 1670 ; in-12, mar. brun jans., tr. dor. (*Trautz-Bauzonnet*).   70 fr.

Contrefaçon de l'édition originale : elle comprend 36 ff. prél. non chiff., 365 pp. de texte, 10 ff. de table et 1 f. pour le Privilége avec l'Errata au verso. Au lieu du chiffre de G. Desprez, cette contrefaçon a un fleuron sur le titre. Exemplaire avec une note de la main de M. Basse sur le f. de garde.

362. **Pascal** (Blaise). Pensées de M. Pascal sur la religion et sur quelques autres sujets qui ont esté trouvées après sa mort parmi ses papiers. Seconde édition. *Paris, Guill.*

Desprez, 1670 ; in-12 de 39 ff. lim., 384 pp., et 10 ff. de table, veau. 20 fr.

Exemplaire aux armes.

363. Pascal Pensées de Pascal. *Tours, Mame*, 1873 ; gr. in-8, portr., broché. 25 fr.

GRAND PAPIER VERGÉ numéroté.

364. Pascal. Les Provinciales ou les lettres escrites par Louis de Montalte à 'un provincial de ses amis, et aux RR. PP. Jésuites : sur le sujet de la Morale et de la Politique de ces Pères. *A Cologne, chés Pierre de la Vallée*, 1657 ; pet. in-12, mar. rouge, dos orné, dent., tr. dor. (*Rel. anc.*). 80 fr.

Très jolie édition publiée par Louis et Daniel Elzevir d'Amsterdam. La première sortie de ces presses sous cette date, en 398 pp., 1 ff. blanc et 111 pp.
Hauteur : 126 mm.

365. Passerat. Joannis Passeratii Kalendæ Januariæ, et variæ quædam poematia. *Luteliæ, apud Viduam Mamerti Patissonii*, 1603 ; pet. in-8, vélin. 20 fr.

Piqûres de vers dans la marge du fond.

366. Passerat (Jean). Recueil des Œuvres poetiques de Jean Passerat, lecteur et interprete du Roy. Augmentée de plus de la moitié, outre les précédantes impressions. *Paris, Abel Langelier*, 1606. — Joannis Passeratii Kalendæ Januariæ et varia quædam poëmatia. *Parisis, apud Angelerium*, 1606. Ens. 2 tomes en un vol. pet. in-8, veau fauve, dos orné, fil. (*Rel. anc.*) 50 fr.

Bel exemplaire.

367. Passio domini nostri Jesu Christi, ex evangelistarum textu que accuratissime de promta additis sanctissimis exquisitissimisque figuris. (In fine :) *Joannes Knoblouchus imprimebat Argentinum, ann. 1507* ; pet. in-fol., mar. brun, dos orné, tr. dor. (*Meunier*). 400 fr.

26 belles planches gravées sur bois par *Urse Graf*, dont le monogramme (Brulliot 370) se voit sur toutes les figures.

368. Peignot (Gabriel). Bibliographie curieuse ou notice raisonnée des livres imprimés à cent exemplaires au plus, suivie d'une notice de quelques ouvrages tirés sur papier de couleur. *Paris*, 1808 ; in-8, veau, dos orné, dent. 20 fr.

Ouvrage tiré à 100 exemplaires (n° 74).

369. Pelet. Mémoires sur la guerre de 1809, en Allemagne, avec les opérations particulières des corps d'Italie, de Pologne, de Saxe, de Naples et de Walcheren, par le général Pelet. *Paris, Roret*, 1824-1826 ; 4 vol. in-8, demi-rel. chagr. rouge. 30 fr.

Petit cachet de bibliothèque sur les titres.

370. Pelletan (Ph.-J.). Clinique chirurgicale, ou mémoires et observations de chirurgie clinique, et sur d'autres objets relatifs à l'art de guérir. *Paris, J.-G. Dentu*, 1810 ; 3 vol. in-8, mar. vert, dos orné, dent., tr.dor.(*Rel. anc.*) 150 fr.

Bel exemplaire aux armes de CAMBACÉRÈS, duc de Parme, archi-chancelier de l'Empire.

371. Pellico (Silvio). Mes Prisons, suivies du discours sur le devoir des hommes. Traduction de M. Antoine de Latour. *Paris, Charpentier*, 1842 ; in-18, mar. bleu, dos orné, fil. à froid et dor., tabis, tr. dor. (*Andrieux*). 75 fr.

Exemplaire de dédicace tiré sur PAPIER ROSE au chiffre de la reine MARIE-AMÉLIE.

372. Peltier. Dernier Tableau de Paris, ou récit historique de la révolution du 10 août 1792 ; des causes qui l'ont produite, des événemens qui l'ont précédée, et des crimes qui l'ont suivie. *Londres, chez l'auteur, avril 1794* ; 2 vol. in-8, demi-rel. veau fauve, *non rognés.* 10 fr.

Curieux mémoires de l'époque ; on y trouve les noms des personnes massacrées aux Carmes, à l'Abbaye et à la Force.
Portraits de Louis XVI et du Dauphin.

373. Pensées et réflexions sur les Egaremens des hommes dans la voye du salut (Par Pierre de Villiers). Troisième édition. *Paris, J. Collombat*, 1700 ; 2 vol. in-12, front., mar. rouge, dos orné, fil., doublé de mar. vert, dent., tr. dor. (*Rel. anc.*) 500 fr.

Exemplaire aux armes de Marguerite-Louise-Suzanne de Béthune, duchesse DU LUDE.
Le bas des titres a été découpé.

374. Péréfixe (Hardouin de). Histoire du roy Henry le Grand, composée par messire Hardouin de Perefixe, archevesque de Paris. Revue et corrigée par l'auteur. *Amsterdam, Daniel Elzevier*, 1678 ; pet.

Et de livres anciens et modernes

in-12, front., mar. rouge jans., tr. dor. (*David*). 25 fr.

Haut. : 128 mm.

375. **Perrault**. Les Contes des fées. en prose et en vers de Charles Perrault. Deuxième édition revue et corrigée et précédée d'une lettre critique par Ch. Giraud. *Lyon, impr. L. Perrin (Paris, Leclère)*, 1865 ; in-8, portr. et vign., demi-rel. cuir de Russie, dos orné, tête dor., *non rogné* (*Thivet*). 25 fr.

Papier vergé. Portrait et jolis en-têtes gravés sur cuivre.

376. **Perrault** (Ch.). Les Contes. Préface par J. Stahl. *Paris, Hetzel*, 1876 ; in-fol., cart., tête dor., *non rogné*. 20 fr.

Illustrations par *Gustave Doré*. Cartonnage de l'éditeur.

377. **Perrens** (F.-T.). Etienne Marcel, prévôt des marchands. 1354-1358. *Paris, imprimerie nationale*, 1874 ; in-4, cart. 10 fr.

Ouvrage fort important pour l'histoire de Paris.

378. **Perrinet d'Orval**. Traité des Feux d'artifice pour le spectacle et pour la guerre. *Berne, Wagner et Muller*, 1750 ; pet. in-8, veau. 15 fr.

15 planches gravées en taille-douce.

379. **Pfeffel**. Abrégé chronologique de l'Histoire et du droit public d'Allemagne par M. de Pfeffel. Seconde édition, revue, corrigée et augmentée par l'auteur. *A Mannheim, de l'impr. électorale, chez Nicolas de Pierron*, 1758 ; 2 vol. in-4, mar. rouge, dos orné, dent., tr. dor. (*Rel. anc.*) 250 fr.

Bel exemplaire en GRAND PAPIER.

380. **Phèdre**. Fables de Phèdre, affranchi d'Auguste, traduites en français (par MM. de Port-Royal et retouchée par Camus), avec le texte à côté. *Paris, impr. de Didot l'aîné*, 1806 ; 2 vol. in-18, demi-rel. dos et coins de mar. rouge, *non rognés*. 25 fr.

PAPIER VÉLIN. 110 figures en taille-douce de *Moithey*.

381. **Piedagnel** (Alexandre). Avril. Frontispice de Giacomelli, gravé à l'eau-forte par Lalauze. *Paris, Liseux*, 1877 ; in-12, mar. rouge, dos orné, fil., tr. dor. (*Smeers*). 45 fr.

L'un des 20 exemplaires tirés sur PAPIER

DE CHINE avec le frontispice en triple épreuve.

382. **Piganiol de la Force**. Introduction à la description de la France, et au droit public de ce royaume. *Paris, C.-N. Poiron*, 1752 ; 2 vol. in-12, veau. 5 fr.

Armoiries sur les plats.

383. **Piganiol de la Force**. Nouveau Voyage de France, avec un itinéraire et des cartes. *Paris, Guill. Desprez*, 1755 ; 2 vol. in-12, veau. 5 fr.

384. **Pinacotheca** Fuggerorum S. R. I. Comitum ac Baronum in Khierchperg et Weissenhorn. Editio nova multis imaginibus aucta. *Ulmæ, apud J.-Fr. Gaum*, 1754 ; in-fol., portr., veau brun, fil., dos orné, tr. dor. (*Kœhler*). 100 fr.

Recueil de 139 beaux portraits gravés sur cuivre par *Wolf. Kilian*, avec un texte explicatif. Les n°° 7 et 8 sont remplacés par les portraits portant les n°° 5 et 6. Le n° 70 manque.

385. **Piron**. Œuvres complètes d'Alexis Piron, publiées par M. Rigoley de Juvigny. *Neuchatel, impr. de la société typographique*, 1777 ; 8 vol. in-8, portr., demi-rel. basane. 50 fr.

Le 8° vol. publié sous la rubrique : *Londres, 1779*, contient les différentes pièces libres de l'auteur.

386. **Plaisirs** (les) de l'Amour, ou recueil de contes, histoires et poëmes galans. *Apollon, au Montparnasse (Paris, Cazin)*, 1782 ; 3 tomes en un vol. pet. in-12, demi-rel. basane, tr. dor. 45 fr.

Frontispice et 16 charmantes figures non signées.

Ce recueil contient des pièces de Dorat, de Bordes, de Voltaire, de Lafontaine, etc. L'Amour oiseleur, les Devirgineurs, les Cerises, Alphonse, Euphrasie, le Paysan qui avait offensé son Seigneur, Parapilla, Joconde, Rosine, les trois Manières, Ver-Vert, Camille. Ce qui plait aux dames, la Fiancée du roi de Garbe, le petit chien qui secoue de l'argent et le savetier.

387. **Platon**. Œuvres de Platon, traduits par Victor Cousin. *Paris, Rey*, 1846 ; 13 vol. in-8, demi-rel. chagrin rouge. 100 fr.

388. **Plutarque**. Les Œuvres morales et meslées de Plutarque, translatées de grec en françois (par Jacques Amyot), reveuës et corrigées en ceste seconde édition en plusieurs passages par le translateur. *A Paris, par Vascosan, impr.*

Achat de Bibliothèques

du roy, 1574 ; 7 vol. pet. in-8, mar. citron, dos orné, fil., tr. dor. (*Rel. anc.*). 120 fr.

L'une des plus belles éditions de cet auteur, conservée dans une bonne reliure ancienne.

389. **Poggiana,** ou la vie, le caractère, les sentences et les bons mots de Pogge florentin. Avec son histoire de la republique de Florence. *Amsterdam, Pierre Humbert,* 1720 ; 2 vol., in-8, portr., cart., *non rognés*. 8 fr.

Exemplaire entièrement non rogné.

390. **Pollio** (Trebellius). Flavius Vopiscus. J.-B. Egnatii veneti in eosdem annotationes. Sex. Aurelius Victor. Pomponius Lætus. Joh. Egnatius de principibus Romanorum. *Parisiis, ex off. Rob. Stephani,* 1544 ; in-8, réglé, veau. 15 fr.

Nom gratté sur le titre.

391. **Poplimont.** La France héraldique par Ch. Poplimont. *Saint-Germain, Eug. Heute,* 1875 ; 8 vol. in-8, demi-rel. mar. vert, dos orné, tête dor. 40 fr.

Bel exemplaire.

392. **Porta** (J.-B.). Magiæ naturalis sive de miraculis rerum naturalium libri IV. *Antverpiæ, excudebat Christophorus Plantinus kalendis Februarii,* 1560 ; in-8, vélin. 5 fr.

Le titre du volume et le dernier f. de l'index manquent.

393. **Portraits.** Recueil de 300 portraits d'empereurs romains, de rois, princes et seigneurs de France et de l'étranger, gravés par Baltazar Moncornet. *S. l. n. d.* (*Paris,* 1652); in-4, cuir de Russie, dos orné, fil. et dent. à froid. 300 fr.

394. **Princesses** (Les) malabares, ou le célibat philosophique. Ouvrage intéressant et curieux, avec des notes historiques et critiques. (Par Louis-Pierre de Longue). *Amsterdam, aux dépens de la compagnie,* 1735 ; in-12, veau fauve, dos orné, fil. 6 fr.

Livre à clef : il fut poursuivi et condamné à être brûlé par arrêt du Parlement de Paris.

395. **Probi** (Valerii) grammatici de Scripturis antiquis compendiosum apusculum. *Parisiis, apud Simo-*

nem Colinæum, 1527 ; pet. in-8, réglé, veau, tr. ciselée. 30 fr.

Le titre et la reliure de ce volume sont fort fatigués. La tranche porte ciselée le non de Franciscus Baudon, et la garde du dernier plat la signature de Gilles Becdelièvre « et amicorum ».

396. **Prosper** (Saint). Poeme de S. Prosper contre les ingrats, traduit en vers et en prose. Seconde édition. *Paris, Vve Martin Durand,* 1650 ; in-12, veau fauve, fil. 4 fr.

A la suite : Lettre de S. Prosper à Ruffin pour la défense de S. Augustin.

397. **Quinault.** Le Théâtre de M. Quinault. Nouvelle édition, augmentée et enrichie des figures en taille-douce. *Amsterdam, Antoine Schelte,* 1697 ; 2 vol. pet. in-12, veau. 25 fr.

Recueil composé par le successeur de Wolfgang. Il comprend 16 pièces avec frontispice gravé et titre particulier pour chacune d'elles : La mort de Cyrus, 1662 ; le Mariage de Cambise, 1662 ; le feint Alcibiade, 1662 ; les coups de l'Amour et de la Fortune, 1662 ; Amalasonte, 1662 ; Stratonice, 1662 ; la Comédie sans comédie, 1662 ; le Fantosme amoureux, 1697 ; La généreuse ingratitude, 1697 ; l'Amant indiscret, 1697 ; les Rivales, 1697 ; Agrippa, 1697 ; Bellerophon, 1671 ; la Mère coquette, 1666 ; Astrate, 1665 ; Pausanias, 1697.

398. **Quinze Joyes** de Mariage (Les), ouvrage très ancien (attribué à de la Salle, mis en lumière par Fr. de Rosset), auquel on a joint le Blason des fausses amours (par Guill. Alexis), le loyer des folles amours, et le triomphe des Muses contre Amour. Le tout enrichi de remarques et de diverses leçons (par J. Le Duchat). *La Haye, Rogissart,* 1726 ; in-12, cuir de Russie, dos orné, fil., tr. dor. 35 fr.

Édition estimée

399. **Racine.** Œuvres de Racine. *Paris,* 1760 ; 3 vol. in-4, veau granit. 100 fr.

Bel exemplaire orné d'un portrait par *Daullé*. 12 figures, 3 fleurons de titre et 60 culs-de-lampe par *de Sève*, gravés par *Bacqoy, Flipart* et *Legrand*.

400. **Recherches** historiques et critiques sur quelques anciens Spectacles, et particulièrement sur les mimes et sur les pantomimes (par Boulanger de la Rivery). *Paris, Mérigot,* 1752 ; in-12, veau. 5 fr.

A la suite on a relié : Lettre d'un sot ignorant sur la tragédie de Catilina (de Crébillon), *Bruxelles,* 1748. — Natilica.

Et de Livres anciens et modernes

conte indien, ou critique de Catilina (par Desforges). *Amst.*, 1749.

401. Recueil &. *A Amsterdam*, 1762 ; in-12, bas.   5 fr.

 Recueil contenant diverses pièces historiques, de 1615 à 1620 sur le maréchal d'Ancre, le rétablissement des Evèques en Béarn , le rétablissement de la charge de Connétable, etc.

402. Relation de l'État présent de la ville d'Athenes, ancienne capitale de la Grèce , batié depuis 3400 ans, avec un abbrégé de son histoire et de ses antiquités. (Par le P. Jac.-Paul Babin avec préface de J. Spon). *Lyon, Louis Pascal*, 1674 ; in-12, veau.   20 fr.

 Planche sur cuivre donnant la vue d'Athènes.

 Ouvrage très rare. M. Léon de La Borde n'en ayant connu que deux exemplaires l'avait fait réimprimer en 1854. (Voy. Brunet, V, 499.)

403. Relation de la conduite presente de la Cour de France, adressée à un cardinal à Rome. *Leyde, Ant. du Val (Vᵛᵉ Louis Elzévir)*, 1665 ; pet. in-12, veau.   5 fr.

404. Revue (La) politique et littéraire. — La Revue scientifique de la France et de l'étranger. *Paris, Germer-Baillière et bureau des Revues*, 1882-1889 ; ens. 26 vol. in-4, demi-rel. chagr. brun. 40 fr.

 La Revue politique comprend les tomes 3 à 18 de la IIIᵉ série (1882-89) ; la Revue scientifique, les tomes 5 à 14. (1883-1887).

405. Rodriguez (le P. Alfonso). Compendio degl' essercitii di perfecttione e di virii christiane del P. Alfonso Rodriguez della compagnia di Giesù. Cou agiunta d'altro compendio del tratato dell' obedienza e d'una lettera del ven. pre. Paulo Giustiniano. 1661 ; pet. in-8, vélin. 20 fr.

 Manuscrit italien de 167 ff., d'une calligraphie très fine parfaitement exécutée.

406. Rohan. Mémoires du duc de Rohan sur les choses advenues en France depuis la mort de Henry le Grand, jusques à la paix faicte avec les réformez au mois de juin 1629. Seconde édition. *S. l. (Amsterdam, Louis Elzevir*, 1646; 3 parties en un vol. pet. in-12, vélin. 15 fr.

 Edition publiée par Samuel Sorbière. — Haut. 128 mm.

407. Rome. Le Cose maravigliose dell alma citta di Roma, anfiteatro del Mondo, con le chiese et antichita rapresentate in designo da Girolamo Francino. *Roma, G. Ant. Franzini*, 1600; in-8, vélin. 6 fr.

 Vues des monuments de Rome gravées sur bois et intercalées dans le texte.

408. Saint-Simon. Mémoires complets et authentiques du duc de Saint-Simon sur le siècle de Louis XIV et la Régence, publiés pour la première fois sur le manuscrit original entièrement écrit de la main de l'auteur, par M. le marquis de Saint-Simon. *Paris, Sautelet*, 1829-1830 ; 21 vol. in-8, demi-rel. veau, dos orné.   100 fr.

409. Sainte-Marthe (Scévole). La manière de nourrir les enfans à la mammelle. Traduction d'un poème latin par Abel de Sainte-Marthe. *Paris, Guill. de Luyne*, 1698; in-8, veau.   5 fr.

 Le texte du poème latin est en regard de la traduction.

410. Sainte-Palaye (La Curne de). Mémoires sur l'ancienne Chevalerie ; considérée comme un établissement politique et militaire. *Paris, Duchesne*, 1759-1781 ; 3 vol. in-12, veau, dos orné. 10 fr.

 ÉDITION ORIGINALE de cet excellent ouvrage. Bel exemplaire.

411. Sandras de Courtilz. Annales de la Cour et de Paris, pour les années 1697 et 1698 (par Gatien Sandras de Courtilz). *Cologne, Pierre Marteau (Hollande)*, 1702; 2 vol. pet. in-12, mar. rouge, dos orné, fil., tr. dor. (*Derome*). 100 fr.

412. Sandras de Courtilz. Mémoires de Monsieur d'Artagnan, capitaine-lieutenant de la première compagnie des mousquetaires du roi. *Amsterdam, Pierre Rougé*, 1704 ; 4 vol. in-12, portr., basane.   30 fr.

 Personne n'ignore aujourd'hui que ces Mémoires ont servi en grande partie à la rédaction du célèbre roman d'Alexandre Dumas, les Trois Mousquetaires.

 Signature sur le titre.

413. Sauval (Henri). Galanteries des Rois de France depuis le commencement de la Monarchie. Nouvelle édition enrichie de figures en taille-douce de B. Picart, et augmentée des amours des rois de France sous plusieurs races. *Suivent*

la copie imprimée à Paris, chez Charles Moette, 1738 ; 2 vol. in-12, mar. rouge, dos orné, fil., tr. dor. tabis, tr. dor. (*Rel. anc.*)   100 fr.
Bel exemplaire.

414. Scarron. Œuvres de Monsieur Scarron. Nouvelle édition revue, corrigée et augmentée. *Amsterdam, J. Wetstein,* 1752 ; 7 vol. pet. in-12, br.   25 fr.
Portrait et jolies figures gravées par *Folkema.*

415. Schoepflinus. Alsatia illustrata celtica, romana, francica, germanica, gallica. Auctor Jo. Daniel Schoepflinus. *Colmariœ, ex Typographia regia,* 1751-1772 ; 2 vol. — J. D. Schoepflini Alsatia ævi Merovingici, Carolingici, Saxonici, Salici, Suevici diplomatica. *Mannhemii,* 1772. Ens. 3 vol. in-fol., cartes, mar. rouge, dos orné, fil., tr. dor. (*Rel. anc.*)   300 fr.
Bel exemplaire sur PAPIER DE HOLLANDE orné de nombreuses gravures.

416. Segoing (Charles). Trésor héraldique, ou mercure armorial, où sont démonstrées toutes les choses nécessaires pour acquérir une parfaite connaissance de l'art de blazonner. *Paris,* 1657 ; in-fol., veau marbré.   50 fr.
Blasons dans le texte.

417. Sépultures. (Pièces sur les). 1749-1783 ; in-12, veau.   10 fr.
Lettres sur la sépulture dans les églises (par Porée). *Caen,* 1749. — Mémoire sur la nécessité d'un réglement général au sujet des enterremens et des embaumemens, par J.-J. Bruhier. *Paris,* 1749. — Mémoire sur l'usage où l'on est d'enterrer les morts dans les églises et dans l'enceinte des villes, par Maret. *Dijon,* 1773. — Mémoires sur les sépultures hors des villes ; ou recueil de pièces concernant les cimetières de la ville de Versailles. *Versailles,* 1774. — Recueil de pièces concernant les exhumations faites dans l'enceinte de l'église de S. Eloy de la ville de Dunkerque. *Paris,* 1783.

418. Seroux d'Agincourt. Histoire de l'Art par les monuments, depuis sa décadence au IVe siècle jusqu'à son renouvellement au XVIe. *Paris, Treuttel et Wurtz,* 1823 ; 6 vol. in-fol., vélin blanc.   300 fr.
PREMIÈRE ÉDITION.
325 planches. Le tome 2 a une légère mouillure.

419. Simon (Richard). Histoire critique de la créance et des coûtumes des Nations du Levant, publiée par le Sr. de Moni. *Francfort, F. Arnaud,* 1684 ; in-12, veau.   6 fr.
PREMIÈRE ÉDITION.
A la suite, on a relié « Discours de la souveraineté des Roys, par Moyse Amyrault. *Charenton, L. Vendosme,* 1650. »

420. Somaize. Le grand Dictionnaire des Pretieuses, historique, poétique, géographique, cosmographique, cronologique et armoirique. *Paris, Jean Ribou,* 1661 ; 2 vol. in-12, front., veau, dos orné, fil.   25 fr.
Taches.

421. Sphère (Traités de la). 4 ouvrages en un vol pet. in-8, vélin. 25 fr.
Procli Sphæra, Thoma Linacro britanno interprete, figuris et demonstrationibus nunc primum illustrata. *Lutetiae, Gul. Cavellat,* 1560. — Joannis de Sacrobusto libellus de Sphera, cum prefacione Philippi Melanth. *Vitebergæ, J. Clug,* 1540. — Orontii Finei delphinatis, de Mundi Sphara, sive cosmographia. *Parisiis, Sim. Colinœus,* 1542. — De usu astrolabi compendium, schematibus commodissimis illustratum. *Lutetia,* 1557.

422. Statuts (les) et ordonnances de l'ordre du benoist Sainct Esprit, estably par le tres-chrestien roy de France et de Pologne Henri III de ce nom. *Paris, Charles fils de C. Morel,* 1629 ; pet. in-4 de 6 ff. prél. et 68 pp., mar. rouge, dos orné, double rangée de fil., tr. dor. (*Rel. anc.*).   35 fr.
Piqûre de vers sur les plats de la reliure.

423. Statuts de l'ordre de Saint-Michel. *Paris, impr. royale,* 1725 ; in-4, veau fauve, dos orné, fil. 35 fr.
Titre gravé par *Cochin,* d'après *L. de Boullogne,* 2 planches et en-têtes de *Séb. Le Clerc.*
Bel exemplaire.

424. Stella (Jacques). Les Jeux et plaisirs de l'enfance, gravez par Claudine Bauzonnet Stella. *Paris, aux galeries du Louvre, chez la dite Stella,* 1657 ; pet. in-4, vélin à recouvrements.   70 fr.
Titre gravé, 1 frontispice aux armes de de Thou, et 6 jolies planches sur cuivre, représentant tous les jeux de l'enfance.

425. Sterne. Voyage sentimental, suivi des Lettres d'Yorick à Eliza, par Laurent Sterne. En Anglais et en Français. Nouvelle édition, dont la traduction française a été entièrement revue et corrigée sur le texte anglais. *Paris et Amsterdam, G. Dufour, an VII* (1799); 2 vol. in-4, veau.   160 fr.

> PAPIER VÉLIN.
> 6 figures par *Monsiau*. Exemplaire avec les figures avant la lettre.

426. Suchet. Mémoires du maréchal Suchet, duc d'Albufera, sur ses campagnes en Espagne depuis 1808 jusqu'en 1814, écrits par lui-même. *Bossange*, 1828 ; 2 vol. in-8, br., et atlas in-fol., demi-rel.   50 fr.

> PREMIÈRE ÉDITION de cet ouvrage intéressant et rare.

427. Tardieu. Portraits des députés, écrivains et pairs constitutionnels, défenseurs invariables de la charte et de la loi des élections. Dessinés et gravés par Ambroise Tardieu. *Paris, Tardieu,* 1820-1821; in-4, demi-rel. dos et coins de mar. rouge, tête dor., éb. (*Bertrand*).   65 fr.

> 151 portraits en taille-douce.

428. Tavernier. Les Six Voyages de Jean-Baptiste Tavernier, écuyer, baron d'Aubonne, en Turquie, en Perse et aux Indes, pendant l'espace de quarante ans et par toutes les routes que l'on peut tenir : accompagnez d'observations particulières... *Suivant la copie imprimée à Paris (Amsterdam, J. van Someren),* 1678; 2 vol. in-12, front. et fig., mar. rouge, fil. à froid, *non rognés* (*Bauzonnet-Trautz*). 150 fr.

> Édition rare, s'annexant à la collection elzevirienne (Willems, n° 1937).
> Elle est ornée de nombreuses figures gravées sur cuivre. Bel exemplaire non rogné. Haut. 153 mill.

429. Tavernier. Les six Voyages de Jean-Baptiste Tavernier, baron d'Aubonne, en Turquie, en Perse et aux Indes. *Suivant la copie imprimée à Paris (Amsterdam, Wolfgang),* 1679 ; 3 vol. in-12, front., port. et fig., mar. rouge, fil., tr. dor.   80 fr.

> Les six premiers Voyages de Tavernier occupent en entier les deux premiers volumes; le troisième, avec un titre différent, renferme une Relation du Japon. — Relation de ce qui s'est passé dans la négociation des députés qui ont été en Perse et aux Indes pour l'établissement du commerce. — Observations sur le commerce des Indes.— Relation nouvelle du Tonkin.

— Histoire de la conduite des Hollandais en Asie et Relation de l'intérieur du sérail.
> Ces 3 volumes sont ornés d'un portrait de l'auteur d'un frontispice de 41 planches et de 2 cartes.
> Bel exemplaire.

430. Taylor et **Nodier.** Voyages pittoresques et romantiques dans l'ancienne France. Normandie. *Paris, Didot,* 1825; 2 vol. in-fol., demi-rel. veau fauve, *non rognés.* 110 fr.

> 232 planches lithographiées.

431. Tencin (Mme de). Mémoires du comte de Comminge. *Amsterdam et Paris,* 1786; in-18, cart. 4 fr.

> Portrait gravé par *Delaunay,* ajouté.

432. Ternisien d'Haudricourt. Fastes de la Nation française et des puissances alliées, ou tableaux pittoresques gravés par d'habiles artistes. accompagnés d'un texte explicatif. *Paris,* 1807[-1813]; 2 tomes en un vol. in-4, demi-rel. veau bleu, dos orné, *non rogné.* 120 fr.

> 185 belles planches gravées en taille-douce d'après les dessins de *Lafitte, Swebach, Duplessi-Bertaux* et autres, représentant les actes principaux des généraux et les traits d'héroïsme des soldats de la République et de l'Empire.
> Exemplaire sur PAPIER VÉLIN.

433. Thucydide. L'Histoire de Thucydide athénien, de la guerre qui fut entre les Peloponesiens et Athéniens, translaté en langue françoise, par feu messire Claude de Seyssel. Nouvellement reveu et corrigé. *Paris, Jehan Ruelle,* 1555 ; in-16, vélin.   20 fr.

> Petite édition imprimée en beaux caractères italiques.

434. Töpfer. Nouveaux Voyages en Zigzag à la grande Chartreuse, autour du Mont-Blanc, dans les vallées d'Herenz, de Zermatt, au Grimsel, à Gênes et à la Corniche, par R. Topffer, précédés d'une Notice par Sainte-Beuve. Illustrés d'après les dessins originaux de Topffer par MM. Calame, Karl Girardet, Français, d'Aubigny, de Bar, Gagnet, Forest. *Paris, Victor Lecou,* 1854 ; gr. in-8, demi-rel. chagr. vert, dos orné, plats toile, tr. dor.   35 fr.

> Nombreuses vignettes dans le texte et 15 pl. tirées à part.
> Bel exemplaire de PREMIER TIRAGE.